# 黒幕の興亡
# 関西闇社会の血の掟

一ノ宮美成
Ichinomiya Yoshinari
+グループ・K21

さくら舎

# 黒幕の興亡 関西闇社会の血の掟【目次】

## 第1章 宅見《たくみ》組長射殺事件と京都ヤクザ戦争



## 第2章 京の闇を仕切った会津小鉄会・高山登久太郎

## 第3章　山口組・高山若頭恐喝事件

## 第4章　京都政財界の黒いフィクサー・山段芳春の謎と死



## 第5章　ナニワの借金王・末野興産の一〇〇〇億円の裏金脈

## 第6章 闇の帝王・許永中、謎の逃亡劇

## 第9章 紀州和歌山の政界・ヤクザの「地下爆弾」

## 第10章　阪和銀行の暴力団融資と副頭取射殺事件の全貌《ぜんぼう》

# 黒幕の興亡　関西闇社会の血の掟

# 第１章　宅見《たくみ》組長射殺事件と京都ヤクザ戦争

## 発端——暴力団組長、ソウルで変死

韓国・ソウル市江南区のマンションの一室で、日本人男性の変死体が見つかったのは一九九八年（平成一〇年）七月六日の昼下がりのことだった。

訪ねてきた韓国人の知人男性が発見したもので、男はベッドで口から舌を出し、鼻血を出して死亡していた。通報を受けた地元の江南警察の調べでは、遺体に外傷はなく、横に約二〇〇〇万ウォン（約二二万円）の現金が置かれるなど、外から侵入したような形跡はなかった。司法解剖の結果、死因は「脳溢血《のういっけつ》による病死」と断定し、事件性はないと発表した。

宅見勝組長

この日本人男性の変死体発見に驚いたのは日本の警察だった。旅券番号や生年月日から、一年前の九七年八月二八日、神戸市中央区の新神戸オリエンタルホテルのラウンジで起きた、山口組若頭の宅見勝《まさる》・宅見組組長射殺事件のキーマンといわれていた暴力団中野会系壱州会《いっしゅうかい》の吉野和利組長（四五歳）だったからである。

射殺された宅見組長は、バブル期、金融・不動産などいわゆるフロント企業（企業舎弟）を使って蓄財した「二〇〇〇億円」ともいわれる豊富な資金

伊藤寿永光元常務

渡辺芳則五代目組長

を背景に、「山口組の金庫番」と呼ばれていた。たとえば、大阪の中堅商社・イトマンに食い込み、カネを引き出せるだけ引き出して、ついには破綻《はたん》させたいわゆるイトマン事件の首謀者の一人、元イトマン常務の伊藤寿永光《いとうすえみつ》被告のバックが、宅見組長だったことは有名な話で、当時イトマンには同組長秘書が堂々と出入りしていた。

さる八九年の渡辺芳則山健組組長の山口組五代目就任には、「宅見勝組長の豊富な資金が力を発揮した」（関係者）といわれるほどで、その功績を買われて宅見組長は、渡辺五代目誕生とともに山口組ナンバー2の若頭になった。以来、山口組（神戸市、約一万八〇〇〇人）を事実上仕切るなど、大物中の大物だった。

その宅見組長射殺事件で、山口組は、犯行は同組に七人いた若頭補佐の一人・中野太郎会長の率いる中野会（神戸市）とみて、同会長以下三人の幹部を絶縁処分にした。

一方、犯行現場近くで目撃された中野会系石原総業組長と同組員が、逃走用に使われたとみられる乗用車をだましとったとして詐欺容疑などで兵庫県警に逮捕されたが、吉野組長はホテルの防犯ビデオに姿をとらえられ、「ピストルを撃った実行犯ではなく、現場指揮官とみられていた」（捜査関係者）。

このため、兵庫県警は九八年二月、吉野組長を競争入札妨害の疑いで指名手配し、所在確認を急いでいた。同組長は九七年一〇月、一年間の観光ビザで韓国に入国。釜山《プサン》に潜伏していたが、死亡直前の九八年六月中旬ごろ、ソウルへ転居していたとみられている。日本の警察当局は、吉野組長が韓国内に潜伏していたことはつかんでいたが、韓国と日本との間には犯罪人引渡協定がないため、身柄を確保できないままになっていた最中の死亡だった。

吉野組長の変死に不審を抱いた兵庫県警は、遺体を日本に運び、神戸大学医学部で解剖。「外傷はなく、毛髪と組織片を採取」（捜査関係者）し、遺体を遺族に返した。吉野組長の死因は、肥満で高血圧のため九二年に脳溢血で一度倒れたことがあるところから、韓国警察の発表通り、いまのところ「病死」とされている。

## 中野会、宅見組長射殺事件の〝なぜ〟

それにしても、なぜ、中野会は〝犯行〟に及んだのか。

「ひとことでいえば、宅見に対する積年の恨みつらみが暴発した結果」（関係者）という。

その一つとしてあげられているのが、長年、糖尿病や肝臓病など持病を抱えていた若頭・宅見組長の跡目争い。中野会の中野太郎会長は、五代目渡辺組長と同じ山健組出身である。それも「山健組当時は、渡辺五代目の兄貴分だった。その上、格下だった山口組若頭補佐の桑田兼吉・山健組組長の方が出世していったため、新しくシノギを開拓する必要に迫られ、山健組を飛び出した」（関係者）という、複雑な経緯があった。

その跡目争いで、宅見組長は、「格下」だった桑田・若頭補佐を若頭候補として推薦、中野太郎会長とは反目していたというのである。

この若頭跡目争いに加えて起こったのが、宅見組長射殺事件より一年前の九六年七月一〇日の白昼、京都府八幡《やわた》市で起こった中野太郎・中野会会長襲撃事件である。乗用車で乗り付けた京都の暴力団・会津《あいづ》小鉄《こてつ》系の組員数人が、自宅近くの理髪店で散髪中の中野会長を狙って発砲。中野会長に付き添っていた中野会系高山組組長が応戦し、逆に会津小鉄系小若会幹部と同中島会系

中野太郎会長

桑田鎌吉組長

図越利次会長

七誠会幹部の二人が射殺された事件である。

この事件の後始末を仕切ったのが宅見組長で、速攻で会津小鉄と手打ちした。「事件当日、中野会長を襲い、射殺された会津小鉄系幹部組員の上部団体である中島会会長の図越《ずこし》利次・会津小鉄若頭（当時）が、山口組系山健組の桑田組長をともなって、宅見組長に会い、和解の仲介を依頼した。深夜、図越・中島会会長らは神戸市の山口組総本部を訪ね、応対した五代目・渡辺組長は会津小鉄側の謝罪と和解を受け入れた」（関係者）という経緯があり、これに当時、中野会には「一発も仕返ししてないのになんでや」と不満の声があった。

もう一つ、中野会会長襲撃事件の手打ちをめぐるカネの問題がある。

「オトシマエの代償として会津小鉄から渡辺組長のもとに数億のカネが動いたと当時いわれたが、実際はケタが一つ多かった。それで、その半分近くを宅見組長が抜き、かんじんの中野会へは少ししかカネが来なかったという話がある」（関係者）というのである。

似たような話がある。それは、宅見組長射殺事件に関して出回った「怪文書」だ。そこには、事件は渡辺組長の意のもとに起こった権力争いであると記すとともに、中野会長襲撃事件の手打ちに際し、会津小鉄から数十億のカネが渡辺組長のもとに流れたとも書かれてあった。

武闘派とされる中野会は、山口組のなかでは、近年になって急成長した組である。宅見組長射殺事件当時、組員約一〇〇〇人の中野会は、弱小の独立系暴力団をその利権とともに吸収することで、膨張した。

「バブル期、暴力団は儲《もう》けていると睨《にら》んだ金融業者に杯を強要し、片っ端から企業舎弟にしていったが、中野会はそのなかでも突出していた」（大阪の金融業者）と言われるほどで、吸収される側も、〝菱の代紋〟があればシノギがしやすかった。

それも、山健組がガッチリ固めている神戸ではなく、和歌山や京阪沿線に手を伸ばした。中野会長が自宅を京都府下に持っていたのは、その象徴的な事例で、理髪店での襲撃事件はまさに中野会の京都進出にからんで起こったものである。

## 相次ぐ発砲、無法地帯と化した京都

この中野会長の襲撃事件より約一年前の九五年（平成七年）六月中旬から八月下旬まで、京都市内を中心に約二〇件の発砲事件が起き、警戒中の警察官一人が射殺されるなど、京都は無法地帯と化した。竹下政権発足時の皇民党の〝ホメ殺し〟の中止工作に深くかかわった、会津小鉄の三神忠・荒虎千本組組長（九四年八月三〇日、ピストル自殺）の借金の債務保証をめぐるトラブルが引き金になったとみられた。

一般には、勢力拡大をめざす山口組（約一万八〇〇〇人）対会津小鉄（約一三〇〇人）の「京都戦争」と呼ばれる抗争事件で、年が明けた九六年二月一八日、神戸市内の山口組総本部に、山口組系山健組の桑田兼吉組長、会津小鉄系中島会の図越利次会長、広島市の指定暴力団・共政会（約三〇〇人）の沖本勲会長が集まり、対等の「兄弟杯」を交わした。手元に、その際の「五分義兄弟縁組」の挨拶状の写しがあるが、「後見人・五代目山口組組長渡辺芳則」とともに、「取持人・五代目山口組若頭宅見勝」と記されている。

三者はこの後、三月にも京都市内で会合を持ったとされ、こうして抗争は終結したはずだった。にもかかわらず、起きたのが中野会長襲撃事件であった。背景に、「対等の兄弟杯というが、会津小鉄の図越・中島会会長は組織のナンバー2、沖本会長はトップなのに、桑田組長は山口組序列では、七、八番目。あくまで山口組優位にすすめられた。数年前、共政会が山口組と『親戚《しんせき》』関係を結んだことで、事実上山口組の支配下に入ったように、会津小鉄もまた山口色が濃くなった」（捜査関係者）ことから、会津小鉄内に不満があったともいわれた。

が、中野会長襲撃事件には、単に山口組対会津小鉄の抗争の延長として片づけられないものがあった。

## 駅前利権をめぐるもう一つの「京都戦争」

それは、もう一つの「京都戦争」といわれた京都駅周辺の地上げをめぐる利権争いである。バブル期、京都には東京・大阪の資本が乗り込み、地上げの嵐が吹きまくった。とりわけ、大改築計画がすすめられていた京都駅周辺は、利権の温床となった。

東京資本である、サラ金大手の「武富士」や不動産業の「地産」と共同で京都駅周辺の地上げを大規模にすすめたのが、八六年（昭和六一年）に発足した「崇仁《すうじん》同和協議会」（のちに崇仁協議会に改名、藤井鉄雄委員長）だった。

崇仁協の地上げに、山口組系山健組幹部や同組系フロント企業などが乗り込み、集会所に銃弾が撃ち込まれたり、山健組系右翼団体の街宣車が連日つめかけることもあった。藤井委員長は八五年一二月に組を解散するまで、暴力団組長だった人物だが、地上げの過程で、会津小鉄との軋轢《あつれき》もあった。会津小鉄系組元幹部を名乗る、謀議と手順を詳細に書いた「藤井委員長暗殺計画告発書」なる怪文書も出回った。そこには、崇仁協が地上げした京都駅周辺のある不動産物件買収代金五四億円を同協議会幹部らが着服、これが藤井委員長の知るところとなり、「暗殺」が計画されたなどと書かれてあった。

こうしたこともあって、「地上げにからんで一時期、中野会が崇仁協のバックにつき、地元京都の会津小鉄への圧力になった。ところが、あるときから、崇仁協幹部は中野会に追い込みをかけられるようになった」（関係者）というのである。

九五年、京都を震撼《しんかん》させた一連の発砲事件は、同年六月一四日、会津小鉄山浩組事務所（京都市左京《さきょう》区）に六発の銃弾が撃ち込まれたことが発端で、一六日までの三日間で山口・会津小鉄系事務所などで一四件の銃撃事件が起こった。ところが、最後の一四件目の発砲は、様相が違っていた。それは、暴力団事務所ではなく、崇仁協の元会長宅（京都市左京区上高野東田町《かみたかのひがしだちょう》）の玄関ドアに七発の銃弾が撃ち込まれるというものだった。

そして一〇日もたたない同月二五日、今度は銀閣寺《ぎんかくじ》に近い藤井委員長宅（京都市左京区北白川別当町《きたしらかわべっとうちょう》）の門にガソリンがまかれ、放火されるという事件が起こった。それから一ヵ月後の七月二七日午後、その藤井宅に三人組が押し入り拳銃三発を発射。うち一発が崇仁協役員の右太股《ふともも》を貫通する重傷を負わせる殺人未遂事件が起きた。

これだけでは終わらなかった。六日後の八月二日には、左京区川端通丸太町《かわばたどおりまるたまち》の交差点で、乗用車で信号待ちしていた崇仁協役員で建設会社社長が、後方から来た二人乗りオートバイの後部座席から降りた男に、車の窓ガラス越しに銃撃され、死亡した。建設会社社長は、さきの藤井委員長宅襲撃事件の際、現場に居合わせていた。さらに、八月一九日には、ＪＲ京都駅近くの下京区東之町《しもぎょうひがしのちょう》の交差点で、やはりオートバイに乗った二人組の後部座席の男が、並走していたライトバンにピストル五発を発射する事件も起きた。

崇仁協幹部を狙った一連の襲撃・殺人事件で、当時、崇仁協幹部は繰り返し、「山口組の犯行」と示唆していた。京都府警がこの年の秋、複数の山口組系中野会系組員を逮捕したことで、「京都戦争」は、中野会対崇仁協というもう一つの断面を見せたのである。九七年五月、建設会社社長射殺事件で京都地裁は、中野会系組員に懲役一五年の実刑判決を言い渡したが、犯行の動機は、崇仁協との金銭トラブルとされた。

いずれにせよ、中野会長襲撃事件を契機にして、山口組内部、会津小鉄内部で重大な変化がひそかに進行していた。

それは九七年の年明けとともに表面化した。九七年一月九日付各紙朝刊は、　段ベタ記事で「マンションに銃隠した疑い」との見出しで中野会の「武器庫」が摘発されたことを書いた。報道などによると、大阪府警は前年の九六年一一月、大阪市北区内のワンルームマンションを家宅捜索したところ、短銃五丁、フィリピン製マシンガン一丁、手榴弾《しゅりゅうだん》一個、実弾七一発を発見、押収。年が明けて九七年一月八日、ワンルームマンションの借り主であった山口組系中野会内鈴木組若頭補佐が、拳銃一丁と実弾五発を持って出頭したため、銃刀法違反容疑などで逮捕、別の同組幹部を指名手配したというものだった。

この露見した中野会の「武器庫」は、「山口組の外に向けられたものではなかった。当時、宅見組長は、他の組織を強引に吸収して勢力を増やす中野会のやり方を非難し、規制したが、これに同調する直参幹部も少なからずいた。『武器庫』は、そのなかのある組を襲撃するためのものだった」(関係者)というのである。「武器庫」事件は、山口組内部の主導権争いが、抜き差しならぬところまで来ていることを示唆していた。

## 会津小鉄会長、突然の引退と沈黙の裏

もう一つは、中野会の「武器庫」摘発が書かれた一月九日付の同じ紙面に報道された、会津小鉄の高山《たかやま》登久太郎《とくたろう》会長の引退表明である。

暴対法反対や暴力団による保守政党の選挙応援の実態暴露など、歯にキヌ着せぬ発言で、たびたびマスコミに登場していた高山会長の引退の表向きの理由は、「会長に就任して一〇年たったので、一区切りつけたい」というものだった。しかし、関係者によると、高山会長の息子が経営する不動産会社が石垣島で計画したリゾート開発に失敗するなど数百億円の借金をつくり、そのことで、会津小鉄での高山会長の権威が失墜、引退は時間の問題だった。

しかし、会津小鉄代表という看板で借金の〝追い込み〟を逃れてきたという経過があり、引くに引けな

かった。それで、引退する条件として、「追い込みはかけない」「身体の安全は保証する」ことを出し、もしいったんコトあれば山口組が守るとの担保が提示されたため、引退を決意したというのだ。以来、高山前会長は、かつての饒舌《じょうぜつ》さがウソだったかのようにまったく沈黙したままだ。

九七年（平成九年）二月一二日、京都市下京区の会津小鉄総本部事務所で、高山会長の引退と五代目継承式があり、ナンバー2の若頭だった図越利次・中島会会長が就任した。あいさつ状によると、後見人は五代目山口組・渡辺組長で、取持人は宅見組長となっている。ちょうど一年前、山口組と会津小鉄の抗争に終止符を打つため行われた「兄弟杯」で、山口組の桑田・山健組組長と杯を交わしたのは、組織対組織では格上の図越利次・中島会会長だった。このため、五代目・図越会長の誕生は、「京都戦争の結果、会津小鉄が事実上、山口組の支配下に入ったことを意味している。それも、武闘路線一本ヤリの中野会に対して、山健組が実《じつ》をとったことになる」（関係者）と言われた。

そうして起こったのが八月の宅見組長射殺事件である。事件直後、渡辺組長は五代目就任に際し、宅見組長に借りがあることや、中野会長が兄貴分にあたること、さらに、当初下した処分が、一般人を巻き添えにした事件の処分としては、「三、四年で復帰可能」（関係者）な「破門」という軽い処分だったことなどから、山口組上層部もからんだ宅見謀殺説が流れた。

事件から数日後、中野太郎会長が京都府八幡市内の自宅に傘下団体の組長らを集め、「今回の事件はうちはやってない。自分は二、三年で山口組に復帰する」などと話したことが伝えられるに及んで謀殺説には拍車がかかった。

逆にそうしたもろもろの関係から中野会長は見通しを誤り、暴走したという説もある。のちに、中野会関係者が、「だからといって犯人というわけではない」と前置きして、こう語っている。

「中野会は一年前から宅見組長を尾行していた。射撃現場のホテルに中野会組員が張り込んでいたというのはそのためだ」

捜査本部は、襲撃役や指揮役、逃走車の調達役など射殺事件には一〇人前後が関与したとみていた。うち、襲撃に直接かかわったとされるのは六人で、ヒットマンら四人が逮捕され実刑判決を受けた。残り二人は変死体で発見された。このうち一人は、冒頭のソウルのマンションで発見された吉野組長（中野会風紀委員長）。もう一人はヒットマンだった組員で、神戸市の六甲アイランドの倉庫から遺体で発見された。実行での指揮役で最後の指名手配犯だった財津組組長が逮捕されたのは、二〇一三年（平成二五年）六月。財津組長の刑が確定したのは二〇一四年七月のことで、事件発生から一七年たっていた。

事件後の二〇〇三年（平成一五年）一月、中野太郎組長は脳梗塞《のうこうそく》で倒れ、二年後の二〇〇五年八月、組を解散し、引退した。

中野元会長は、宅見組長射殺事件の真相について、二〇一八年一二月発刊された白著『悲憤』（講談社）で、殺害は故渡辺芳則五代目山口組からの要請であり、同元会長の意を汲んだ中野会の若い衆の犯行だと語っている。同元会長は直接、殺害の指示はしていないと言うのである。事実、この殺害について同元会長は捜査当局に詳しく事情聴取されたが、罪に問われることはなかった。もちろん、山口組関係者の間には、「みんなに担がれて五代目になった渡辺の親方は、宅見や中野のめんどうをよくみてたし、彼らも出世していた。第一、五代目は気が弱く、そんな根性もない。宅見もボロボロで時間の問題やった。殺す必要もなかった。そんな五代目が宅見を殺《や》れと中野に指示するなんてありえない。中野が生きられるのも五代目のおかげや。『五代目に指示されて殺った』なんてチンピラが言うことや。ましてや活字にするなんて、『ケンカ太郎』とまで呼ばれた中野もヤクザとしては終わりや。宅見殺しは、強いて言えば、流れの中で起こった中野と宅見の戦争や。それにしても、仮に誰かに言わせられたとしても、それを口にしてしまえばしまいや……」と、辛辣《しんらつ》に批判する声もあがっていることも紹介しておく。

# 第2章　京の闇を仕切った会津小鉄会・高山登久太郎

## 用心棒代で荒稼ぎした暴力の〝殿堂〟

五条大橋のすぐ南、高瀬川沿いにひときわ瀟洒《しょうしゃ》な四階建てのビルが建っている。鉄筋コンクリート、延べ床面積は約一九〇〇平方メートル、屋根は銅板葺《ぶ》きのこの建物は京都・滋賀の広域暴力団・会津小鉄《あいづこてつ》の本部である。

玄関右側に「会津小鉄」の金文字が輝き、頭上にはこの暴力団の代紋「大ひょうたん」が打ち込まれている。窓は防弾ガラス。モニターカメラが四方を二四時間態勢で見張っている。一九八九年（平成元年）、突貫工事で完成させたこの暴力団の「殿堂」は、いくらバブル時代とはいえ全国的にも注目を集めた。

土地代、建築費（備品も含め）はざっと二〇億円。土地・建物ともに「会津会館」が所有。この会社の役員には、会津小鉄の幹部連が名を連ねている。

一階玄関を入ると二階まで吹き抜けのホール、壁面は豪華な大理石づくり、二階は準幹部の部屋で、三階は一〇〇平方メートルもある会長室と五役（幹部）の個室。四階は一六三畳敷きの大広間で、師走には幹部約二〇〇人が勢ぞろいして新年を迎える行事の「事始め」が開かれる。

この会館の主が会長の高山登久太郎《たかやまとくたろう》だ。「喧嘩《けんか》、喧嘩、私の少年時代は喧嘩に明け、喧嘩に暮れ」（本人

高山登久太郎会長

の著書『警鐘』〈ぴいぷる社〉)、進学した工業高校を退学、すぐ喧嘩で逮捕され、ブタ箱を出たら徴用工として軍需工場へと引っ張られた。やがて終戦、両親や兄弟は韓国へ引き揚げたが、ひとり残った。

大津市で肉体労働をしているうちに、「どっちみち前科者と言われるのだったらヤクザになってやれ」と地元の中川組の組員に。六九年（昭和四四年）に二代目組長となり、組員七〇〇人の大集団にまで拡大する。同組の若頭時代「万和建設」という砂利の採取・販売の会社をつくり、ダンプ六、七〇台をフル回転させて急成長。が、警察の指示で解散。近江《おうみ》神宮に組員一〇〇名あまりを集め、生コンや土木、建設業者などにして独立させたという。「企業舎弟」のはしりである。「中には年商数百億円の会社社長もいる」（『朝日新聞』九一年一一月一日付）

かつて、ＪＲ大津駅裏の路地の二軒続きに逼塞《ひっそく》していた高山が大軍団を持つようになるのは雄琴《おごと》のソープランド街を縄張りにしてからといわれる。系列の商事会社をつくり、これを通して業者に必要なすべての物品、たとえばコーラなどの飲料水にはじまり、タオル、石鹸、油などといったものを納入する。ここからあがる儲けは莫大なものという。

同じ方式は祇園《ぎおん》、木屋町など京都のネオン街でも行なわれている。新規開店とともに暴力団組員や関係業者がやってきて、干支の置物や門松を売りつける。その際「何かあったら……」と名刺を置いていく。やがて、別の暴力団組員が来て難癖をつける。店主は名刺の連絡先に頼んで、間に入ってもらう。これをきっかけに「今後も頼みます」と、用心棒代を払うようになる。

府警の調査では、月平均一〇万円前後で、指定した銀行口座に振り込ませる。過去三年間で計七二〇万円も払った店もあったという。

会津小鉄系の業者が、おしぼりやつまみ、たこ焼きを売りにきて「買わされている」店主も多い。

「商売というものは、お互い自由競争で、それで商売じゃないか。顔を立てて（買って）もらっても、商売は商売だ」（『警鐘』）という理屈で高山は開き直るが、怖いから買うのであって、とても〝商売〟とはいえない。

## 公衆電話ボックスの仕切りから土木、建設事業へ

繁華街にある公衆電話ボックス。周囲のガラス一面にすき間もなく貼りめぐらされたデートクラブの客集めビラ。このビラ貼りも会津小鉄傘下の二組織が貼る場所を仕切り、資金源としている。

市内一円の公衆電話は電話機に向かって右側は××系、左側は○○系の縄張りとされ、名刺大のビラ一セット四枚で、一つのデートクラブは計二種類八枚まで貼れる。場所代は月四〇万円で、縄張りの二組織に納める。その代わりに、ビラを貼る「指定席」がすべての電話ボックスに確保できるシステムである。

暴力団に無断でビラを貼ったり、場所代を払わなかったりすると、組員がデートクラブに嫌がらせの電話をかけたり、客を装ってデート嬢に暴行を加えることもあるという。

この二つの暴力団は、京都市内に一五前後ある売春組織を二分する勢力とされ、片方の組織の場合、七業者から月二八〇万円が確実に入る計算。五条署は最近まで、このような実態をつかんでいなかったというから、これまた不思議な話ではある。

しかし会津小鉄の資金源の中心は土木、建設の領域である。「地元対策費、下請け、警備などの名目に工事費の一～三％が入る仕組みになっているようだ。見積もりが厳しくチェックされる公共事業でも〇・八％が入金される、という」（『朝日新聞』九一年一二月一日付）

高山が土建会社を経営していたことは先にふれたが、舎弟頭・丸岡鉄太郎は寺村組組長として、開発の

すすむ伏見や府南部を地盤に、家屋解体業を看板にしながら急成長していく。

「京都ほど暴力団に払う金が多いところはありませんな。だいたい工事費の一・五％から二％がわれわれ業者から地元の暴力団に払われている。それをやらないと工事の邪魔をされるんです」――『週刊朝日』八一年一二月一八日号で、大手建設業者の京都支店の営業部員が語っているが、それはいまなお京都で続いているのだ。

「立会人として名を連ねた高山会長に脅迫され、土地を半値以下の約一一億円で買いたたかれた」と京都の大手建設会社がパチンコ会社を相手どり、所有権の移転を求めた民事訴訟を起こしている。この建設会社のオーナーは「高山さんから『京都で言うことをきかんのはお前だけや』と言われました。実際、高山さんは国会議員や高級官僚と付き合いがあって、公共事業の入札に力を持っていましたから、工事を取れない不利益も受けました」と法廷で証言（『朝日新聞』九一年一二月一日付）している。

## 地上げ一手受けした山段芳春・許永中の闇の関係

「高山は、山口組と一和会の抗争を仲介し実績をあげ、京都の黒幕として地元の金融界やマスコミ界に隠然たる影響力を持つ山段芳春《さんだんよしはる》と接近し急速に力をつけてきた」

『フォーカス』九〇年一月五日号は「一六〇畳敷大広間あり『京都・五条に落成』した暴力団の殿堂」という記事のなかで、関係者のコメントを紹介している。この記事は会津小鉄を怒らせた。新潮社にベンツを横付けして、編集部に押しかけたという。結局、編集幹部が年末に京都にまで事情説明に出向き、「二度と会津小鉄の悪口は書かない」と〝詫び〟を入れ収まったと伝えられている。

気にくわなかったのは「山段芳春と接近し」の部分なのか、この記事の最後の「京都は暴力団にとって〝楽園〟だ、という人がいます。市内の地上げで彼らがからまない場所はないといわれている。今もっともたいどの悪いのは七条河原町の地上げで、彼らはボロ儲け。だからロールスロイスを買って豪邸を建てるのが会津小鉄の親分衆の流行とか」という〝消息通〟のコメントなのか定かでない。

しかし、高山が京都の闇の世界を仕切っていることに間違いない。山段は〝表〟と〝裏〟を結ぶ架け橋の役割を果たしてきた。裏を仕切る高山の力があったからこそ表の世界に大きな影響力を持てたし、逆に高山も、検察・警察の元幹部をグループに抱え金融を支配する山段に近づくことによって多くのメリットを得た。

高山の長男・義友希が社長をしていた東亜企画の新石垣島空港用地をめぐる土地転がしにキョート・ファイナンス（山段芳春社長）が三〇億円も融資していたことが九〇年（平成二年）秋に明るみに出て、あらためて両者の関係が浮き彫りになった。

さらに高山は、イトマン事件で逮捕・起訴された許永中《きょえいちゅう》とも深くつながる。

韓国の釜山《プサン》市東区にあるホテル・クラウン（客室一三五室）が八七年（昭和六二年）春、競売にかけられた際、高山が約一一億円で落札。その後、許永中と共同でこのホテルを経営し、八九年夏、許の関係企業に約一三億円で売却している。高山は、許と知り合ったのは六、七年前という。

許が日本レースに入り込み、前代未聞の手形乱発を行なったのが八四年から八五年にかけて。日本レースの当時の経営陣・山野《やまの》一族と日本最大の仕手集団・三洋興産グループが京都を舞台に対決し、地元の会津小鉄が、乗り込んできた関東、神戸の暴力団と対決したことがあったが、それ以来のつきあいだとみる事情通もいる。

警察庁は暴力団の年間収入をおおよそ一兆三〇〇〇億円（八九年）と発表しているが、実際には〝七兆円産業〟説も出るほど。

「イトマン、東洋信金、富士銀行、東海銀行、東急電鉄、東京佐川などの一連の〝バブル経済事件〟ですでに〝何兆円〟ものカネが闇から闇へ消えている。そのうち捜査当局が摘発、解明したカネはせいぜい〝何千億円〟。残りのカネはほとんど暴力団のフトコロに入ったのでは……」とみるジャーナリストもいる。

会津小鉄の場合も、バブル経済のなかでとくに京都の「地上げ」で儲けたとみられる。マンション業者などは高利の金を寝かせる業務のため、何より買収のスピードが問題にされる。地権者を説得したり裁判に訴えたりではあまりに時間がかかりすぎることから、大手の不動産業者までがこぞってダミーを使い、暴力団の威嚇力に頼った。全国一の値上げを記録した京都市内の地上げを一手に引き受けたのが会津小鉄といってもいいほどだ。

詳細な手口は省くが、〝企業舎弟〟とされる窪田（窪田操社長・中京区河原町二条）は、「会津小鉄図越組若頭補佐」などの肩書を持つ組長らを〝地上げ屋〟として使い、無法な脅しを繰り返していた。

## 佐川清会長用心棒からの皇民党との黒い連環

自民党総裁選（八七年）での竹下元首相への「ほめ殺し」封じに会津小鉄もかかわっていたことが一〇月初めに大きく報じられた。

竹下登・金丸信コンビから東京佐川急便の渡辺広康社長を通して依頼された暴力団・稲川会の石井進（隆匡《たかまさ》）会長（いずれも当時）は、会津小鉄の小頭、荒虎千本組の三神忠組長（五九歳・当時）に電話で説得工作を依頼。三神は「三〇年来の友人」である皇民党の稲本虎翁《いなもととらおう》総裁（当時、故人）を説得し、結局、皇民党は竹下が田中角栄邸に謝りに行くことを条件に妨害宣伝の中止を受け入れた。

この皇民党は九〇年（平成二年）三月一九日に告示された京都府知事選に三人を立候補させた。狙いは「京都府警攻撃」だった。同年二月、全日本教職員組合の教研集会妨害のために押しかけていた際、府警のトラックが落とした書類を拾って持ち帰り、窃盗容疑で捜索を受けたことから「テレビの政見放送で府

石井隆匡会長

竹下登

金丸信

警を批判するための戦術」だった。

しかし告示から一週間後、皇民党は突然京都を離れた。

「佐川清会長が『このへんで勘弁してやれ』と、運動を中止させた」（佐川清前会長側近）

「同党は四国へ引き返す直前、選挙の『七つ道具』を京都市左京区にある佐川氏の屋敷に預けたという。側近によると、佐川氏と故稲本虎翁・同党総裁の間を橋渡ししたのは、京都、滋賀に勢力を持つ暴力団会津小鉄にいた元組長だったという。高山登久太郎・会津小鉄会長は『稲本は昔からよく知っていた』と言う」――『朝日新聞』九二年一一月八日付はこう報じている。

佐川急便（本社・京都市）と会津小鉄の関係は古く、深い。佐川清会長は〝用心棒〟として会津小鉄を利用し、毎月一〇〇〇万円を払っていたという。福岡県警捜査四課の調べによると、佐川急便の運送業務にかかわるトラブル処理や、佐川会長宅の警備を会津小鉄に依頼し、その報酬として七九年ごろから十数年間にわたって総額一五億円も支払っていた。

佐川会長は、側近の同社関連会社元幹部に会津小鉄との交渉役を任せ、現金は、この元幹部が会津小鉄事務所で幹部に直接渡していたという。また「佐川会長を訪れる会津小鉄の組長に、二〇〇〇万円前後の金をそのつど渡していた」とも。

「佐川グループ総帥・佐川清氏の地下人脈における最大の後《うし》ろ楯《だて》といわれているのが、やはり会津小鉄なのである」（『週刊ポスト』九一年一〇月一一日号）との指摘は正しいようだ。
佐川会長名義の大津市内の山林約三万七〇〇〇平方メートルが会津小鉄の図越利一総裁に無償で譲渡された際、九一年五月、会津小鉄系の不動産会社「栄和」に一億一〇〇〇万円で売却したように装い、架空の売買証明書を偽造、移転登記を行ない、九二年二月、福岡県警により会津小鉄本部などが捜索された。この土地は、大津市が現在、大規模ごみ処分場の建設を計画して用地買収をすすめている山林のすぐ近くである（一九九三年）。

佐川清会長

## 暴対法シフト下の〝極道サミット〟開催

『警鐘』。高山登久太郎が「ドスの代わりにペンを握って」（あとがき）六ヵ月をかけて書き上げた〝労作〟だという。「暴力団新法は違憲であり、私らの生きる権利を奪うものであり、強く抗議する」とともに、「政治家と警察官僚への〝宣戦布告状〟」として発刊したという。

九二年（平成四年）四月下旬に発行された三〇〇ページにのぼるこの本は、三月から「暴対法」が施行されたこともあって話題となった。が、突然、本屋の前にベンツがとまり、一見してヤクザとわかる男が〝買い占め〟に回る。どうも山口組からのクレームによるものらしい。「暴力団新法制定のきっかけは、山口組の過激な動きが引き金になった……。警察対山口戦争では警察に分がある」などの記述が山口組にカチンときたようだ。いずれにしろすべての本屋からこの本は消えてなくなってしまったのだ。

警察に対し徹底抗戦を続ける高山に対し、会津小鉄内部からも「おやじも警察ににらまれるようなことばかりやってたら損とちゃうか」という声があがっているという。

高山は新左翼系の遠藤誠弁護士を東京から呼び、大阪、神戸などの親分、子分衆も招いて〝理論武装〟

し、九一年秋には自ら主唱して渡辺芳則・山口組、稲川土肥・稲川会、西口茂男・住吉会代表とともに〝極道サミット〟まで開いてきた。

新聞・雑誌やテレビに派手に登場し、あくまで「暴対法粉砕」を叫ぶ高山の存在は警察庁でも目障りである。「高山をとれ（逮捕せよ）」は京都府警本部長への至上命令だといわれる。

一〇月九日、国家公安委員会（警察庁）へ出頭した高山は、指定取り消し審査請求の本人審尋《しんじん》で、指定暴力団幹部として初めて発言している。このなかで「やめたいやつはやめていいんだ」と発言したという。実際、脱退者（組抜け）が若年層を中心に日を追って増えている。「すでに一〇〇人を超えたのでは……」とみる関係者もいる。

暴対法によるシフトは明らかに効果をあげているようだ。上納金が払えない組も出ており、高山への批判がくすぶっている。

「確かに幹部間の不協和音が聞かれる。いまのところ高山へは面従腹背《めんじゅうふくはい》というところだ」とある新聞記者は語る。

高山はこうした事態を乗りきるため八月七日に新幹部人事を発令した。しかし「大津（中川組）中心の側近人事で、面白くないと思っている幹部も多い。相当不満も出ていて、それが警察の方へも伝わってきている」（地元記者）という。

一方、会津小鉄と微妙なバランスを保ってきた山口組がこれを機に一挙に京都へ進攻するのでは、という見方も出ている。

## 問われる暴対法以降の警察の本気度

一国の内閣の成立に〝ヤクザ〟がかかわっていた皇民党事件は国民の怒りをよびおこしたが、江戸時代から日本の権力がヤクザを利用してきたことも間違いない事実。高山も『警鐘』で「戦後も、政治家や警察側のヤクザ活用は一九六三年（昭和三八年）まで続いた。その中でも、三池争議でのヤクザ動員による一大流血騒ぎや、第一次安保闘争下での大量のヤクザ動員ばなしなどは語《かた》り種《ぐさ》になっている。私らは捨身で協力している」「昭和二一年、同二二年頃には、七条署長の指示を受けて、警部補クラスの刑事が、会津小鉄の本部や図越元会長の自宅を訪れ、『いいにくいことなんだが、助けてもらえんやろか……』といって協力、助力を求めてきた」と書いている。

しかし、暴対法は日本の警察が伝統的に持っていた暴力団とのなれあいをもはや許さなくなった。「警察と暴力団は、どこかでつながっているような気がして、いまひとつあてにならない」と、不信感を持つスナック店主の談話を「京都新聞」九二年九月五日付夕刊は載せている。いまなお多くの市民は「警察は本気なのか」と、じっと見つめているのだ。

八一年（昭和五六年）一〇月、警視庁から指名手配されていた図越利一（会津小鉄総裁）が、組員の葬儀に出席しているのを確認していながら取り逃がすという有名な〝失策〟を演じている府警であったからなおさらだ。

無法と暴力を職業とする犯罪集団＝暴力団を壊滅させるには警察が住民に信頼されることが前提であろう。

その後、高山会長は一九九七年（平成九年）二月、引退し、二〇〇三年六月、死去した。その直系実子である高山義友希が、弘道会入りし、ヤクザとなった。六代目直参の淡海《おうみ》一家（本拠地・大津市）総長になり、弘道会の京都進出の先兵役を果たした（現在、服役中）。会津小鉄会五代目は、二代目会長・図越利一の実子である図越利次が継いだ。

二〇〇八年（平成二〇年）一一月、中川組組長の馬場美次が六代目会津小鉄会会長を襲名。しかし、二〇一五年八月の山口組分裂が会津小鉄会を直撃。山口組から分裂した神戸山口組と「兄弟関係」にあった六代目馬場会長が詐欺罪で実刑判決を受け、後継者争いが繰り広げられた。一七年一〜二月にかけて、山口組派の会長と神戸山口組派の「いろは会」会長をそれぞれ七代目とする儀式が行われ、分裂した。六代目会津小鉄会の本部事務所（京都市下京区）は、京都地裁が使用禁止命令を出し、使えなくなった。

二〇一八年（平成三〇年）四月一九日、京都府公安委員会は、指定暴力団「六代目会津小鉄会」の名称を「七代目会津小鉄会」に変更すると公示。代表者を神戸山口組派の「いろは会」の金元《きんげん》会長とし、事務所所在地を京都市左京区一乗寺とした。構成員は約七〇人。

# 第3章　山口組・髙山若頭恐喝事件

## 「保護対象者」となった山口組ナンバーツーを〝刺した男〟

「名古屋は動くなと言うてるようやが、下の方はそうはいかんわな。藤兵衛《とうべえ》のことは、極道の世界では、このままで済む話ではないわな」

山口組のナンバーツー髙山清司若頭が収監されてから九ヵ月が経った二〇一五年（平成二七年）三月下旬、筆者は在京の元暴力団関係者からこう聞かされた。

名古屋とは、髙山若頭と六代目山口組の司忍こと篠田建市組長の出身母体である山口組系弘道会のことを指すが、ここで言う「藤兵衛」とは、自民党系の人権運動団体「自由同和会京都府本部」の上田藤兵衛最高顧問のことだ。

同会京都府本部の最高顧問には以前、元内閣官房長官の野中広務氏（元自民党衆院議員）が就任していたこともある。上田氏は〝京都の同和のドン〟と呼ばれ、政官財界から山口組、会津小鉄会といった暴力団組織まで幅広い人脈を築いてきた。また、代表理事を務める土木建設業者の組織「国土建設協同組合」などを通じて、地元京都の土木建設事業に深く食い込んできた。

上田氏は、二〇〇九年（平成二一年）一一月一二日、山口組系淡海《おうみ》一家（滋賀県大津市、高山義友希《よしゆき》総

長）の西田弘一（幸一）相談役（当時、以下同）らから、〇五～〇六年にかけて計四〇〇〇万円を脅し取られたとして京都府警に被害届を出し、これを府警が受理。そして上田氏の被害届提出から一年後の一〇年一一月一八日、山口組ナンバーツーの髙山清司若頭が、恐喝事件の共犯容疑で京都府警に逮捕された。

その後の一三年（平成二五年）三月、髙山若頭に対して、京都地方裁判所で懲役六年の有罪判決が言い渡されたが、若頭は無罪を主張して控訴。しかし大阪高等裁判所は一四年二月、一審と同じく懲役六年の実刑判決を言い渡した。髙山若頭はこれを不服として最高裁判所に上告したものの、同じ年の五月、上告を取り下げて実刑が確定。六月二四日、刑務所に収監された。

上田氏は、山口組ナンバーツーを〝刺した男〟として一躍有名になった。そして今に至るまで、上田氏は京都府警の対暴力団「保護対象者」となっている。山口組による報復の可能性を踏まえてのことだろう。元暴力団関係者が漏らした「極道の世界では、このままで済む話ではないわな」という言葉は、このことを指していた。

そもそも、山口組ナンバーツーである髙山若頭の恐喝事件とはなんだったのか。司忍六代目山口組の〝ブレーン〟を獄中に追いやったこの事件について、一審の京都地裁判決の公判資料や、関係者の証言などから、その真相に迫ってみたい。

上田藤兵衛最高顧問

髙山清司若頭

## 恐喝する側とされる側の関係の始まり

「ワシは高山義友希の兄弟分で、兄弟分にさせたんは高山登久太郎《たかやまとくたろう》や。高山義友希の仕事をやっている。後見人にもなっている」

「ワシがやっている仕事（滋賀県での仕事）をお前が潰した。ワシの利益を

高山義友希総長

取った。本来、命もらわなあかん話やけど、関係者もおるし、取った分の利益は持って来い。三億円払え。払わんかったら命《タマ》取る」

事件の発端は、今から一五年近く前の〇五年（平成一七年）七月三〇日午後三時頃。京都市下京区にあるホテルの一室で、若い衆三人を引き連れた男から、上田氏が脅されたことだった。この間、若い衆は部屋の入口付近に立ち、上着の内ポケットに右手を入れて、拳銃を持っているかのような仕草をしていた。

このとき上田氏を脅迫した男は、後の〇九年一二月、恐喝容疑で逮捕されることになる山口組二代目弘道会系淡海一家の西田弘一相談役だった。ここで西田相談役の口から出た高山登久太郎とは、高山義友希総長の父親である四代目会津小鉄会の故高山登久太郎会長のことである。

西田相談役が、上田氏に向かって「東原と相談して、また、連絡するわ」と言うと、ひとまずその場は収まった。

上田氏は、四代目会津小鉄会の高山登久太郎会長と親交があった。また、登久太郎会長の長男である義友希総長とも面識があり、旧知の仲でもあった。義友希総長は〇二年一二月、当時の弘道会トップ・司忍（篠田建市）会長と盃《さかずき》を交わし、舎弟になるのと同時に、弘道会の下部組織として、大津市を本拠地とする淡海一家を新設して総長に就《つ》いた。そして〇五年三月、司会長が六代目山口組組長の座に就き、二代目弘道会（高山清司会長）の代になるとその舎弟頭補佐となり、〇九年一月には六代目山口組直参（直系団体）に昇格している。

ところで先のホテルで、西田相談役が「相談する」と名前を出した「東原」とは、件《くだん》の恐喝事件で一〇年二月に逮捕された、淡海一家企業舎弟の経営コンサルタント会社「東亜洋行」役員・東原英暁元被告のことである。上田氏と東原元被告は、四代目会津小鉄会の高山登久太郎会長の健在当時、その下でともに仕事をした間柄である。上田氏がかなりの先輩格であったからだろう、上田氏は東原元被告を「東原君」と呼び、一方で東原元被告は、上田氏のことを「藤兵衛さん」と親しみを込めて呼んでいた。

上田氏と東原元被告は、恐喝事件が立件される前の〇七年暮れ頃から〇九年九月頃にかけて、時々お茶を飲んだり、ホテル建設計画や高速道路用地の買収などで協力して仕事をするような間柄でもあった。

また、二人と親交のあった元パワーボートレーサーの小嶋松久氏（一九四四年、京都府出身。二輪ライダーとして活躍したのち、Ｆ１レーサーに転向。その後、パワーボートレーサーに。現在、京都でモータースポーツ関連企業の「コジマエンジニアリング」を経営）の供述によると、上田氏と東原元被告、そして小嶋氏は、〇五年一二月に行われた歌手・髙橋真梨子のディナーショーに出かけ、三人で会食をしたこともあったという。

さらに小嶋氏の供述によれば、〇九年（平成二一年）七月に東原元被告が「リアルエステート」という会社を設立した際、上田氏はお祝いとして胡蝶蘭《こちょうらん》を贈っていたともいう。

上田氏と淡海一家・高山義友希総長との関係については後で触れるが、親しい関係にあった上田氏と東原元被告が、なぜ一転して、恐喝する側とされる側の関係に陥ったのか。

その点にこそ、この事件の真相が宿っていると見ていいだろう。

## 出所不明の滋賀・清掃工場絡みのクレーム

話を恐喝現場となったホテルの場面に戻したい。西田相談役から「命取る」と脅された上田氏は、ホテルを出た後、すぐに東原元被告に電話をかけた。

「今、西田というモンに会《お》うてきたけど、僕には身に覚えのないことで、訳のわからんいちゃもんばかりつけとる。東原君、これどうなんや」

これに対して、東原元被告はこう答えた。

「何言うてんの、いちゃもんやないで。証拠もあるし、逃げられへんで。義友希さんと一緒に仕事してくれたらええのに」

そこで上田氏は、よく知らない西田相談役と話をするより、同業者である東原元被告の方が話しやすいと考え、「そこまで言うんやったら、この話に入ってくれや」と頼んだところ、東原元被告は仲介を了解したという。先にも書いたが、上田氏と東原元被告が、日頃から親しい関係にあったからこそ成立した話だった。

しかし東原元被告の仲介は、うまくはいかなかったようだ。というよりも、最初からその気がなかったと言った方がいいかもしれないような出来事が起こったのだ。

約一週間後の八月五日午後、同じホテルで上田氏は、自分が会長を務める会社の社長らとともに、西田相談役、東原元被告と会い、「いろいろ調べているが、滋賀県の仕事に関しては覚えがない」と言ったところ、西田相談役は納得せず激怒。七月三〇日にホテルの一室で行ったのと同じように、「三億円払え」と上田氏を脅した。

東原元被告も「義友希さんが前もって電話してるのに、応じひんから、こんなことになったんや」「時代も変わったし、軍門に下ったらどうや」と言った。これに対して上田氏は、「関係あるんやったら、お金を払おうやないか。調査させてほしい」と答えた。

上田氏は、この年の八月から九月にかけて、さらに五回ほど東原元被告と会って話をしたともいい、滋賀県の工事については「ナンボ調べても覚えがない」と主張したが、東原元被告はそれを聞き入れず、「証拠はある。逃げられへんで。けじめつけなあかん」「義友希さんと一緒に、ともかく仕事してくれたらええんや」と言い張り、両者の言い分は平行線をたどった。

この一連のトラブルには前兆があった。〇五年（平成一七年）三月下旬頃から、淡海一家の高山義友希総長（一〇年四月に恐喝容疑で逮捕）から、上田氏に再三電話が入っていたのだ。

「滋賀で仕事をしていないか？」

連絡が入るたびに、上田氏は「やってない」と答えた。これに対して義友希総長は、「滋賀県は私が守らなあかんから、仕事するときに私を通してください」と言った。

その後の七月中旬になると、今度は先の西田相談役から、「ワシ、西田や。覚えているか」「いっぺん仕事のことで会いたいけど」と上田氏に電話が入り、面談を求められるようになった。このとき上田氏は、会うのを断ったという。

こうしたなか上田氏は、七月二九日、自身がオーナーの不動産コンサルタント会社「若藤」（京都市）の社長から、こんな報告を受けたという。

「西田の若い衆二人が若藤に押しかけ、拳銃をちらつかせ、『滋賀の清掃工場の件で、あんたんとこの上田藤兵衛さんにひっくり返されて、うちの西田が格好つかん。西田コケにしとったら死人出るぞ』と脅された」

そのため上田氏は急遽《きゅうきょ》、西田相談役と会うことにした。

こうして翌三〇日、京都のホテルで件の恐喝事件が起こったのだ。

## 背景にあったのは屈服させ〝企業舎弟〟とする思惑

ところで「滋賀の仕事」とは何か。

それは滋賀県蒲生郡日野町で行われていた「日野清掃センター」新設工事のことだった。日野清掃センターは、東近江市や近江八幡市など四自治体で構成する「中部清掃組合」が建設・運営している施設で、

○五年二月に造成工事着工、○七年三月に竣工している。
日野清掃センターの一件について、上田氏が調査を行った結果、西田相談役が○一年頃から、中部清掃組合や地元自治体の日野町に対し、「クリーンライフ弐壱」や「環境ディフェンドクラブ」というNPO法人の名義で、さまざまな働きかけをしていたことが判明した。

上田氏によれば、このとき日野町助役などから聞き取り調査を行ったという。そのうえで、清掃センターの工事に自分は関わっていない、つまり「人違い」だという調査報告書をまとめた。日野町周辺では、うるさくものを言う人のことを「とーべえ」と呼ぶ習慣があり、当時の地元では、日野清掃センター工事に関連して「とーべえ先生が動いた」という話が出ていたのだという。

上田氏は、「とーべえ」とはこの「隠語」のことだと主張し、東原元被告を日野町助役に会わせて説明させるなどして、淡海一家側に「知らない」と言い続けた。

山口組の高山若頭を恐喝罪で起訴した検察側は、公判の中で「淡海一家、ひいてはその上部団体である山口組弘道会は京都における上田氏の仕事や影響力に着目し、上田氏を支配下に置いて〝企業舎弟〟にすることを企てた」と指摘している。

その材料に使われたのが清掃センターの工事で、上田氏に「因縁《いんねん》」をつけ、その後の淡海一家とのトラブルを招き、さらに上田氏が山口組ナンバースリーの入江禎《ただし》総本部長（当時、現二代目宅見組組長）に仲裁を求める原因にもなったと主張している。

当時、京都府内の土木建設業界を仕切っていたのは、地元の暴力団・会津小鉄会で、工事を受注する業者から地域対策の名目で、受注金額に応じた一定割合のカネを徴収していた。その京都で上田氏は、土木建設業界に大きな影響力を持っていたという。

この上田氏を屈服させ、支配下に置くための、いわば「布石」になったのが、日野清掃センター工事を口実にした上田氏へのクレームだったのだ。

## 仲裁役・山口組の登場と会津小鉄会との構図

淡海一家の脅迫に対して、一方で上田氏は、親交があった奈良の山口組直参・津田功一二代目倉本組組長（当時）に相談。三月以降の淡海一家のクレームについて説明し、最終的には、六代目山口組総本部長（当時、現神戸山口組副組長）の入江禎二代目宅見組組長に仲裁を依頼することになった。

そして〇五年九月二九日、京都の高級料亭「高台寺和久傳《わくでん》」で上田氏と津田組長、入江総本部長の三人が会食。その場で上田氏は、入江総本部長に三月以降の淡海一家からの圧力について説明して仲裁を依頼したところ、入江総本部長はそれを引き受けたという。

判決文によれば、この場で入江総本部長は「淡海は京都を取る気でいる。頭《かしら》（高山清司若頭）も出張《でば》ってなんでもしようと思っている。なんで頭はそんなに焦っているんやろう」と言ったという。

こうした経緯を踏まえて開かれたのが、同じ年の一〇月三日、高級料亭「京都吉兆嵐山本店」であった仲裁の会食だった。仲裁を引き受けた入江総本部長へのお礼を兼ねて、上田氏が設けた宴席だった。メンバーは上田氏、津田組長、入江総本部長、淡海一家の高山義友希総長の四人。会食には、祇園《ぎおん》のホステスなどが加わり、終始和《なご》やかな雰囲気だったという。

そしてこの日上田氏は、実際に仲裁の労を取ってもらうため、入江総本部長に謝礼として一〇〇〇万円が入った紙袋を渡したという（入江総本部長本人は、公判で「五〇〇万円」と証言）。

上田氏はなぜ、入江総本部長に仲裁役を依頼したのか。

先にも書いたように、上田氏は、もともと会津小鉄会の四代目・高山登久太郎会長、さらには五代目の図越《ずこし》利次会長、六代目の馬場美次会長とは旧知の間柄だった。

上田氏は、八六年（昭和六一年）頃から同和運動に関わり、ほどなくして自民党系の全国自由同和会（後の自由同和会）の京都府連の事務局長に就任。ほぼ同時に、土木建設業に携わるようになり、八七年に寿屋住研を設立したのをはじめ、大同建設協同組合（後の国土建設協同組合）、株式会社若藤、株式会社ワン・ワールド、有限会社国土警備保障を次々と設立してきた。同時に上田氏は、先の会津小鉄会などの大物組長を後ろ盾に、京都における土木建築業界での地位を築いてきたともいわれてきた。

入江禎本部長

司忍会長

また上田氏は、五代目山口組の渡辺芳則組長とも近しい関係にあった。上田氏は七四年に殺人事件を犯し、懲役六年の刑で神戸刑務所に収監された過去がある。当時、山口組山健組系健竜会会長だった渡辺組長も、同じく神戸刑務所で服役していた。二人は刑務所の中で知り合いになり、付き合いが始まったといわれている。

しかし、五代目渡辺組長が〇五年七月下旬に引退すると、八月には山口組五代目の若頭だった司忍初代弘道会会長が六代目組長に就任。六代目若頭には、髙山清司二代目弘道会会長が就いた。

別の見方をすれば、この時期、弘道会系淡海一家には、故渡辺元組長が引退したことで、京都の土木建設業界に影響力を持つ上田氏を配下に収める最大のチャンスがめぐってきていたことになる。さらに別の見方をすれば、上田氏は、故渡辺組長に代わる山口組の大物組長を後ろ盾にする必要に迫られたということにもなる。

事の経緯を振り返ると、それが入江総本部長だったということになるのだろう。

## 山口組ナンバーツーとスリーを間にした錯綜

入江総本部長を仲裁役として、上田氏と淡海一家のトラブルが決着したかに見えた頃、上田氏の前に登場したのが、山口組ナンバーツーの髙山清司若頭だった。両者が最初に出会ったのは、祇園のクラブ「ラポー」で、入江総本部長が仲裁役を引き受けた直後の一〇月五日のことだった。クラブの店内で上田氏は、たまたま髙山若頭、義友希総長と遭遇した。そこで上田氏は、義友希総長に髙山若頭を紹介してほしいと頼み、紹介されると、髙山若頭にこう挨拶したという。

「こんばんは、ようこそいらっしゃいました。上田藤兵衛です。京都まで来ていただいてありがとうございます。よろしくお願いします」

髙山若頭も、それにこう返したという。

「どうも、髙山です」

この場では、挨拶以外に会話をしたり、同席することはなかったものの、上田氏は淡海一家からの一連の圧力を穏便に取り計らってほしかったため、髙山若頭、義友希総長らの飲食費の支払いは、自らの会社に回すよう店に伝えて代金を負担したのだという。

そして一〇月中旬になると、淡海一家の義友希総長から上田氏に電話が入った。

「藤兵衛さん、頭が一席設けると言うてるから、日程ほしい」

この電話を上田氏は、先のクラブ「ラポー」で飲食費を負担した返礼だと思ったという。

こうして同じ月の二六日、上田氏は京都市内の高級料亭「たん熊」で、髙山若頭、義友希総長、東原元被告と会食をした。その場で髙山若頭は、義友希総長と東原元被告を指して、上田氏にこう言ったという。

「日頃、これらがお世話になっている。今後も仲良くしてやってくれ。仕事も力を合わせてやってくれ」

そして、こう付け加えた。

「入江（六代目山口組総本部長＝当時）にも挨拶に行っておいてくれ」

上田氏には、このとき、入江総本部長に挨拶に行かなければならない理由はなかったし、企業舎弟になるつもりもなかったが、拒絶すると大変なことになると思い、「わかりました」と答えた。その後、会食には舞妓も加わってきたが、先の「ラポー」の飲食代金を負担したことについて、高山若頭側から、お礼を言われることはなかったという。

翌二七日、上田氏が義友希総長に前日の御礼の電話を入れたところ、同総長からこう念を押されたという。

「頭が、入江さんとこへ挨拶行け言うのは、一〇〇〇万円やで。一〇〇〇万円持って行ってや」

しかし高山若頭と会った直後に入江総本部長に会い、一〇〇〇万円を渡せば、淡海一家との一連の件で同総本部長に依頼した仲裁を断ると受け取られることになる。それでは角が立つため、すぐに一〇〇〇万円を持っていくことはやめ、入江総本部長には電話を入れるだけにして、「昨晩、高山清司氏と食事をしましたよ」とだけ伝えて、「挨拶」の話はしなかった。

またこの日、上田氏の会社には、淡海一家の新川芳希本部長から電話が入り、「昨晩の頭との席で我々が面倒を見ることになった。何でも言うてきてや」という伝言が、上田氏に残されたという。この話のとおりなら、淡海一家側の人間が、前日の高山若頭との会食を経て、上田氏が淡海一家の軍門に下ったことを再確認したことになる。

さらにこの日、東原元被告からも上田氏に「会ってほしい」と電話が入った。そして一一月四日午後、上田氏はいつも待ち合わせ場所に選んでいた喫茶店で東原元被告と会い、その際にこう念押しされたという。

「先日の頭との宴席で、我々、全面的に面倒を見ることになった」

「面倒を見るお代として、みかじめ料を枕（一〇〇〇万円）以上持ってきてほしい。名古屋の頭に届ける」

しかし上田氏は、「お受けできません」と断った。

同時期に上田氏は、自身の会社の仕事を別の土木会社に取られた一件で、東原元被告と交渉を重ねていた。「私とこの仕事ですから、こんなことされたらかなんので、返してほしい」と主張したものの、東原元被告は「藤兵衛さんがうちに来いひんから、こんなことになったんや」「うち来て仕事して、金持って来い」「談合もせい」「組合もあるから組合に入れ」「上納金持って来い」などと言い、取り合わなかったという。

## 山口組〝京都ルール〟をはずして示された「組決定事項」

こんなことが繰り返されたため、上田氏は弘道会系淡海一家の京都進出、つまり自身が彼らの支配下に置かれることを避けるため、山口組の京都ルール（京都の土木建設業者が京都で仕事をする際、会津小鉄会またはその関係者に地域対策費を持っていけば工事に介入されない）を再確認する必要に迫られた。

このため、東原元被告から一〇〇〇万円以上のカネを要求された翌日の一一月五日、急遽、料亭「高台寺和久傳」で入江総本部長と会食し、弘道会や淡海一家の動きを説明したところ、入江総本部長は「上田さんをくってもくれんかったから、頭自ら出張ってきたんや」と言ったという。

その一方で上田氏は、義友希総長に電話を入れ、後日、会食する約束をした。それと同時に、山口組内の京都ルールを再確認してもらえば、弘道会、淡海一家の企業舎弟にならなくても安心して仕事ができると思い、一一月七日と一一日の両日、津田組長と会って相談し、入江総本部長のところに走って（行って）もらうことを頼んだという。

すると翌一二日、入江総本部長から上田氏にこんな電話が入った。

「近々京都へ入って関係者とも会って、ルールを確定する。頭も、京都と大津、分けて付き合えと言うてる」

「一二日頃に確認する。京都の関係者と会う」

上田氏はこの電話を受けて、いよいよ入江総本部長に自らの後ろ盾になってもらう決意を固めたのだろうか、一四日に津田組長の案内で大阪ミナミにある二代目宅見組の事務所を訪ねた。そこで上田氏は、京都ルールの再確認のための支援やお礼などの意味で、さらに現金一〇〇〇万円を渡したという。

こうして一一月二二日には、入江総本部長から上田氏に電話があった。

「京都の金子（利典・会津小鉄会本部長）と馬場（美次・会津小鉄会会長）、滋賀の東原と会って、京都は会津小鉄会、滋賀県は淡海（一家）ということで、縄張りの確定がでけた。安心してくれ」

一方でこの日の夜、上田氏と義友希総長との会食が、「京都吉兆　嵐山本店」で行われている。上田氏が入江総本部長からの電話の内容を話すと、義友希総長は、

「(入江）総本部長が京都に入ってくれはった」

「もう今日で、そうした縄張りの確定でけたし、ルールはルールとして守らなあかんことや」

と言ったという。

この義友希総長の「縄張り確定」発言を、上田氏は「吉兆の誓い」として、法定で主張している。しかし髙山若頭の弁護団は、「そんな話はなかった」と否定し続けた。

しかし上田氏の言う「吉兆の誓い」は、すぐに破られることになった。一二月初め、髙山若頭らの恐喝容疑の最初の出来事となる金銭要求が、淡海一家側から行われたのだ。企業舎弟の東原元被告から上田氏に、

「藤兵衛さん、一一月二二日のルールはあくまで筋もん同士の話や。堅気《かたぎ》の藤兵衛さんには関係ない」

「藤兵衛さんの貫禄やったら、枕（一〇〇〇万円）以上、金持ってきてくれ」

「頭に届ける金や」

と再三、電話がかかってきた。

上田氏は、年を越せば何が起こるかわからない「恐怖」にかられた。一時金でも渡して、その「恐怖」から解放されたかったため、現金一〇〇〇万円を用意。そして一二月三〇日、「京都ホテルオークラ」（京都市中京区）で、東原元被告に紙袋ごと一〇〇〇万円の現金を渡した。これが総額四〇〇〇万円の恐喝事件の端緒《たんしょ》となった。

そして年が明けた〇六年一月下旬、二人はいつもの喫茶店で会い、正月の挨拶をした。しかしその直後から、上田氏に東原元被告から「会ってくれ」という電話が入るようになったため、二月八日、「若藤」の事務所応接室で会談することになった。するとその場で、上田氏は思いもよらぬことを告げられたのだ。いわゆる「山口組の決定事項」なるものである。

東原元被告は、若藤の応接室で上田氏に会うと、「今日、山口組としての決定事項を伝えます」と言って、こう宣言したのだという。

「一つ、藤兵衛さんのやっている仕事は淡海（一家）を窓口として通してほしい」

「一つ、京都市内のさばきの仕事の金は、淡海がさばくから、こちらに金を持ってきてほしい」

「一つ、全国で手がけている仕事も淡海へ報告すること、筋もんのさばきも淡海がする」

「付帯として、盆暮れも、淡海を通して餞別《せんべつ》を頭に届けてほしい」

そして、こう付け加えた。

「頭が直々、頼むでと念を押してたで」

突然の「山口組の決定事項」に驚いた上田氏は、「判断がつかんので、時間をくれ」と返答した。

## 現場ではひっくり返されていた京都ルール

山口組の「決定事項」を伝えられた上田氏は、すぐに入江総本部長に電話を入れた。

「東原が山口組の決定事項というのを突き付けてきた」

これに対して入江総本部長は、「大変なことになるぞ。とにかく事実確認したい。明日そっちへ行く」

「そんなことあり得へん」と答えたという。

翌二月九日、若藤に上田氏を訪ねた入江総本部長は、東原元被告が伝えたという「山口組の決定事項」について、「すぐ、これから帰って頭に確認してくる」と言って、大いに驚いたそうだ。そして約二時間後、入江総本部長から上田氏に、「確認したら、頭は、山口組決定事項を突き付けたことは、(頭の知らないところで)勝手にしたことであることだと、わかったと言っている。頭は、京都は京都、大津は大津のルールのとおりや、言うてるけど、よう注意してほしい。何を考えてるんかわからへん」といった連絡が入った。

入江総本部長の驚きぶりを鑑《かんが》みると、京都は会津小鉄会、滋賀は淡海一家という山口組内での「京都ルール」は存在していたことになる。

ちなみに山口組の司忍六代目組長は、就任三ヵ月後の〇五年一〇月、五代目会津小鉄会の図越利次会長と盃を交わし、図越会長を代紋違いの舎弟としていた。つまり、会津小鉄会が山口組の支配下に入ることは決まっていたのだ。

髙山若頭が、入江総本部長と再確認した京都ルールは、山口組上層部の間では通用したのかもしれないが、現場では、ルール破りに拍車がかかることになった。

というのも、山口組上層部で再確認したばかりの京都ルールだったが、翌二月一〇日になると、すぐに西田相談役から上田氏に「京滋（京都・滋賀）の仕事のことで会ってくれ」と電話がかかってきたからだ。上田氏が「すぐに会えない」と答えると、西田相談役は「なめとんのか。ワシは西田学校という特攻隊を持っとる。西田学校は殺し屋組織や」と、上田氏を露骨に脅迫してきたのだという。

上田氏はすぐに入江総本部長に電話した。そして翌一一日、大阪ミナミにある大阪スイスホテルで総本部長と会うと、こう訴えた。

「こう続けて、また起こってきたので、もう私も身体《からだ》ももたれへん。もう、どう判断していいかわからんから、なんとかしてほしい」

これに対して入江総本部長は、「頭に了解もらったが、舌の根の乾かんうちにこんなことになってきてしまうとは、私自身も出処進退をかけねばならん。今後は私を通して判断してほしい」と返答するしかなかったようだ。

だが、淡海一家からの上田氏への攻勢は続いた。

一六日、上田氏は東原元被告に会い、山口組の決定事項は受け入れられないと伝えた。しかし東原元被告は、「頭が、（上田が）義友希と会って話し合って決着つけてほしいと言っている」「西田の不穏な動きを止めたってるのに、まだわからへんのか」「今後、ワシらも間に入らへん」「西田との間でトラブっても、もうワシは知らんぞ」「西田と直接話してくれ」と、弘道会淡海一家の配下に入ることを執拗に求めたのだという。

その直後、入江総本部長から上田氏へ電話がかかってきた。上田氏が入江総本部長に対して「東原が、『頭が義友希と会って話し合えと言うてる』と言うてるが、本当に言うてるんか、頭に確認してほしい」と頼んだところ、入江総本部長は従来と同じ返答をするだけだった。

「頭に確認したが、京都は京都、大津は大津、ルールどおりや言うてるけども、真意がわからん」

そして二三日、上田氏が今度は西田相談役に電話をかけたところ、「会え」と言われて断り切れなかったため、同月二八日、若藤の事務所で直接会うことになった。上田氏はその場で西田相談役から「保険が失効した」などと言われた。

この若藤の事務所での二人の会話はすべてビデオ録画され、高山若頭らの上田氏への恐喝事件の重要な証拠となった。

そこで以下、判決文に沿って西田相談役の発言を紹介し、後ほどその意味を解明していくことにする。

## 恐喝の実際――有罪判決へのビデオ画像

「一番最初でんな、あのー、上田さんの保険屋は、神戸（筆者注：山口組）が保険屋になってね、保険かかっとるということで、仕事のことについてはやね、要は淡海（筆者注：六代目山口組弘道会系淡海一家）が窓口やと。いろんなことにつきつけてね、そういう風に聞いてましたんやけどな」

「道中でこないだ聞いたら滋賀は淡海で、んで京都は金子（会津小鉄会総本部長、四代目いろは会会長）さんとこで。んでその他はまああの、ミナミのえらいさん（筆者注：大阪市中央区千日前＝ミナミに拠点を置く二代目宅見組・入江総本部長）と、いう風に話ききましたんやけどね。途中で話かわりましたんか」

「ただ、私が、あの、淡海から聞いてる話は最初に申し上げたとおりの話なんですわ。そういうふうになったと」

「そやから当初聞いてた話が、名古屋（筆者注：弘道会）といいましょう。ほんなら、ミナミと話の中身が変わってきてるという風にワシは受け止めれるからこれはちょっとおかしい、具合悪いな、と思て会いたかったわけや」

「ところが保険かかっとる」

「ほな、まるでその保険料納めん保険みたいなもんでんがな。ワシに言わしたら。普通の保険で言うたら失効になりますわな。最終的に」

「保険はかかとるけど保険料は納めてないわな、というのがワシの印象ですわ」

「保険屋でも三ヵ月遅れたら失効になりまんねやからな」

「ワシは今日はまあちょっと言わしてもらうと、……そんなもん上から何もの落ちてくるやら、表に出た言うて車飛んでくるやらね。何が起きるやら訳わからん世の中やのに、そんなんワシのせいにされてもかなんしね」

「もう見ててもあの見苦しいからね。あっちにホド売りこっちにホド売り（筆者注：見境がないこと）、ていうようなことであれば何らも言うことないんと違いますかと」

「その代り上田さんの体の保険につけては、もう、神戸が、あの、あれを見ると、いうことであれば何にも言うことはないんと違いますかと」

「ところが何か、その、道中でだんだんと年も越し、何にも過ぎ、何にもまあ、その辺の先ほど言うたような保険料の支払いもなけりゃあ何もない」

「滋賀県の話は、まああの、電話あったんはあの、大津から電話はあってんやけどね」

「いや、そういう風に見えますやん、こっちはもう。京都はこう、滋賀はこっちや、他のことについてはミナミの偉い人……そういう風に見えてきますやんか」

「上田さん、最初に言われた言葉あるはずやのにそれがどこに消えてしまいましたん」

「淡海を窓口にして、あとのことは全部、あの、淡海から気配りせえよと、言うて言葉頂いとるのに何でいつの間にそんなバラバラになったんか、それがワシ分かりまへんねん」

（以上一審の判決文より。引用ママ）

一審判決は、西田相談役のこうした一連の発言について、文脈から見て次のように解釈できるとしている。

「保険」とは、「暴力団が業者の紛争を解決するなどして業者を庇護《ひご》し、あるいは業者の面倒を見るなどという暴力団との関係を意味する」と解釈。

また、山口組の本拠地は神戸市に、弘道会の本拠地は名古屋市にあるため、西田発言にある「神戸」ないしは「名古屋」とは、被告人の高山若頭を指したものと断定。

さらに、淡海一家が窓口になって気配りするようにと西田相談役が上田氏に告げた人物が誰かについては、「気配りせえよ」「言葉頂いとる」という命令形や謙譲語での表現が使われていたため、義友希総長を含む淡海一家関係者より上位の立場の者であることは明らかだと、判決文は認定している。

そして判決文は、西田相談役の一連の言葉は、西田相談役が当初から、高山若頭が淡海一家を窓口にして上田氏の庇護、あるいは面倒を見ることになった旨を、義友希総長を含む淡海一家関係者から聞いていたことを述べたものだとも認定。これに対して高山若頭側は、公判の中で、四〇〇〇万円の恐喝事件共犯説は検察のでっち上げだと主張してきたが、判決はその主張を退けるかたちになった。

要するに、高山若頭の有罪を決定づけたのは、録画ビデオの西田相談役の発言だったというわけである。

## ルール確認をしうるのか？——断末魔での三案

さて、話を若藤の事務所でビデオ撮影された上田氏と西田相談役との会談直後に戻す。

この会談で命の危険を感じた上田氏は、〇六年（平成一八年）三月一三日、メモ用紙で遺言書をつくり、髙山若頭との会席の日からの弘道会、淡海一家の行動、東原元被告の言動、西田相談役の行動、入江総本部長に仲裁を依頼したことなど、自らの心情を書いた。

また今後の対策として、①引き続き入江総本部長に仲裁を依頼すること、②同総本部長に警察に飛び込むことを伝えて弘道会をけん制すること、③弘道会の要求を一部呑《の》んで一時金を支払うこと――以上の三つを考えた。

一つ目について、上田氏はこう動いた。

〇六年三月一〇日、ホテル日航大阪で入江総本部長と会い、仲裁・支援を依頼する趣旨で一〇〇〇万円を渡している。また入江総本部長の息子が、株式会社「江伸」を設立する際、支援するために一級建築士を紹介したが、暴力団やその資金を江伸に介入させないことを支援の条件として伝えた。さらに上田氏は、入江総本部長に対して、大阪の高級料亭「高麗橋吉兆」で、関西土木業界の大物、北梅組（大阪市）の北浦年一氏を紹介している。

江伸は〇六年三月二三日に設立されたが、上田氏はその日、入江総本部長から招待され、江伸の社長に就任した同総本部長の息子らと会食している。上田氏が会長を務める「若藤」の奥田和也社長も同行していた。その際上田氏は、入江総本部長の息子に「会社は立ち上げても三年間は赤字を覚悟してほしい、すぐに金になるという考え方は捨ててほしい」と伝えたという。

二つ目の「警察に飛び込む」ことについて、上田氏は三月一〇日、入江総本部長と会った際に次のように伝えたという。

「こういった証拠と西田のビデオを持って警察に飛び込む覚悟でいる」

実は三月初め頃、上田氏の関係する会社や営業所、車が銃撃されていたのだが、上田氏はその銃弾や証拠写真を直接、入江総本部長に見せながらこう言った。これに対して入江総本部長は、「そんなこと言わんときいな。ワシも頑張るからな」と、上田氏を諌《いさ》めたという。

この上田氏の「警察に飛び込む覚悟」について、三月一六日、入江総本部長から上田氏に連絡が入り、「（髙山）清司（若頭）からまだ返事がない。清司が何を考えてるのかわからんけども、藤兵衛を攻めることはないので心配するな」と言われた。

四月、五月は、上田氏が命の危険を感じるような出来事はなかった。

そして六月初め、入江総本部長から上田氏に連絡があり、「髙山清司から返事もらった。京都は京都、大津は大津、そのルールは間違いないということを言うとる」と言われたという。そして六月八日、入江総本部長、西田相談役、上田氏の三者は、大阪の日航ホテルで会談。その場で入江総本部長は、「過去のことをお互い言ってもわからん時代に入ったんやから、水に流して、お互いワシをながめて、仲良うやっていってほしい」と言った。西田相談役はニタニタ笑いながら、「総本部長がこんなん言うてはんねんやから、仲良うやっていこうな」と言ったという。

## 「お前さんとの関係はもう終わりや」に警察に飛び込む肚《はら》

上田氏と山口組弘道会系淡海一家との「滋賀県の仕事」をめぐる〇五年三月以来のトラブルは、額面どおり受け取れば、ここで手打ちとなるはずだった。

はずだった――と書いたのは、日航ホテルでの三者会談（六月八日）があった後、西田相談役から上田氏に電話があり、上田氏はまたしても「仕事やっていこうな。一緒に。保険は俺を窓口にしてくれ」と言われたのだ。そして一三日午後には、いつもの喫茶店で会った西田相談役から「ワシらと仕事を一緒にやろうやないか。持ってきてくれるもんは持ってきてくれたらええんや。仕事の分とは別に枕以上は持ってきてや」とも言われている。八月初め頃にも、西田相談役から「八月に入ったんで、枕以上持ってこい」と、上田氏は言われた。

先にも書いたが、上田氏は三つの対応策を考えていた。その一つは「弘道会の要求を一部呑んで一時金を支払うこと」だった。いわば西田相談役の要求は、それに当てはまることだ。そこで、上田氏は金を払うことを考え、「枕以上」と言われたことや、企業舎弟としての仕事ができていなかったこと、西田相談役が得体のしれない人物であったこと、金銭的に余裕があったことなどから、少し多めに二〇〇〇万円を支払っておこうと考え、現金を用意した。

そして八月八日午後、いつもの喫茶店で西田相談役に紙袋に入れた二〇〇〇万円を渡した。紙袋を受け取った西田相談役は、紙袋を開けて二〇〇〇万円を確認すると、「確かにあずかりました。頭に届けときます」と言い、こうして二回目の恐喝が実行されたのだった。

一方で、上田氏と仲裁役の入江総本部長との蜜月関係には暗雲が垂れ込めていった。上田氏は、八月以降も入江総本部長と会っていたが、同総本部長の息子から、会社（江伸）に組長（宅見組二代目組長・入江総本部長）の資金が入っていると明かされたため、「約束が違う。このまま会社の支援をやっていけない」と答えたという。このことで、上田氏は入江総本部長の怒りを買うことになった。

そしてこの年の一二月八日、上田氏は入江総本部長から電話で「お前さんなんか仕事にも金にもならん。もう息子の会社に近づいてくれるな」と怒鳴られ、態度が急に冷たくなったという。同総本部長の息子の会社は、創立一年後には廃業している。

一方、一二月初め、上田氏は西田相談役から電話で「一二月に入ったから、また、枕以上持ってきてくれ」と言われたが、金額は「枕」に相当する額一〇〇〇万円と決めた。そして同月一八日午後、いつもの喫茶店で西田相談役と会い、一〇〇〇万円を入れた紙袋を渡した。このときも、西田相談役は金を確認し

「確かに受け取りました。頭に届けときます」と言った。恐喝の三回目の実行だった。これで計四〇〇〇万円の金を渡したことになった。

この月の二五日前後の夜、祇園で上田氏は、髙山若頭と義友希被告と偶然すれ違った。上田氏が軽く会釈したところ、髙山若頭は「藤兵衛、いつもすまんなあ」と言ったという。

その一方、上田氏は入江総本部長との関係修復を図るため、あれこれ手を尽くしていた。山口組直参の一人、正木組（福井県）の正木年男組長に入江総本部長との仲裁を頼んで怒りを鎮《しず》めようとしたが、収まらなかった。

上田氏の証言によれば、これまでに入江総本部長には三〇〇〇万円もの金を渡してきたことになるが、二〇〇七年一月下旬頃、仕事の手切れ金として新たに二〇〇〇万円を江伸に持っていったところ、いったん受け取ってもらったが、同じ年の三月、入江総本部長の舎弟を通じて金を突き返されたという。このため上田氏は、すぐに入江総本部長に連絡を取り「これで関係は終わりなんですか」と聞くと、同総本部長は、「お前さんとの関係はもう終わりや」と、けんもほろろだった。このため上田氏は「これまでの撃ち込まれた銃弾やビデオ、弘道会、淡海一家からやられてること、全部、警察に持って飛び込む」と告げたが、入江総本部長は無言だったという。

## 京都の生コン利権「イン」と「アウト」をめぐるトラブルの伏線

以来、弘道会、淡海一家からの金の要求は止まった。それどころか、髙山若頭側の冒頭陳述（一二年六月六日付）や弁論要旨（同年一一月一九日付）によれば、こんなこともあったという。

〇七年（平成一九年）一二月、パワーボートレーサーであった小嶋松久氏の引退パーティーが大阪のリーガロイヤルホテルで行なわれ、このパーティーには岡山の指定暴力団・三代目浅野組の串田芳明組長が出席していたという。小嶋氏が淡海一家の義友希総長を串田組長に紹介しようとしたところ、その席に上田氏が割り込んできて、串田組長に「同総長とは父親の四代目会津小鉄会の故高山登久太郎会長時代から、親しく付き合っており、同総長をよろしく」と挨拶したという。

さらに〇九年（平成二一年）一月、上田氏は山口組の直参になった高山義友希総長に対して、祇園の京料理の店で会食し、一〇〇〇万円の祝い金を渡した。この日上田氏は、義友希総長と祇園の別の店でも一緒に酒を酌み交わし、同総長がその場に東原元被告を呼び出すなどして、三人で仲良くワインを飲んだという。

さらに同じ年の四月、上田氏は「嵐山吉兆」で義友希総長、元パワーボートレーサーの小嶋氏と三人で、舞妓や芸妓を招き入れてにぎやかな宴会を催してもいる。この会食に先立ち、上田氏は小嶋氏方を訪れ、山口組直参になった義友希総長の後援会をつくろうと呼びかけたともいう。

加えて、上田氏は義友希総長と、〇九年四月六日と六月二三日、いずれも料亭「和久傳」で会食し、上田氏が理事長を務める土木建設業組合「国土建設協同組合」に所属する生コン業者との関係について申し入れをしたり、加盟業者の「面倒見」を依頼するなどしたようだ。

ここでいう「面倒見」とは、いわゆる「捌《さば》き」とは異なる。そもそも「捌き」とは、土木建設業者が工事ごとに組関係者に金を支払い、土木建設工事につきまとう他の組関係者からの妨害行為を防ぐため、「近隣対策」をしてもらうことをいう。

これに対して「面倒見」とは、組関係者に後ろ盾になってもらうことで、トラブルを未然に防止したり、実際にトラブルが起きたときに解決を図ってもらったりすることをいう。その謝礼は、トラブル解決時に支払われるか、季節の挨拶として金を届けたりすることになる。

上田氏と高山義友希総長率いる淡海一家との、こうした良好な関係が一転したのは、〇九年になってからのことだった。上田氏と淡海一家の新川芳希本部長との間で、生コン利権をめぐるトラブルが発生したのだ。京都府下では、生コンの製造業者の協同組合が複数存在し、そのうち全国生コンクリート協同組合連合会に加入している組合は「イン」と呼ばれ、この連合会に加入していない組合は「アウト」と呼ばれていた。上田氏が理事長を務めていた「国土建設協同組合」は「アウト」の業者の集まりだった。その「アウト」の生コン業者を仕切る上田氏が、義友希総長に「アウト」の生コン業者の面倒を見てやってほしいと頼んだのがトラブルの伏線だった。

先の〇九年四月六日の「和久傳」での義友希総長との会食はその依頼が目的で、上田氏は、京都府の大山崎ジャンクションの工事について、「アウト」の業者に対する「イン」の業者の圧力を抑えてほしいと頼んだようだ。さらに六月二三日の会食の場では、「アウト」の業者の名刺コピー四枚を渡し、これらの業者の面倒を見てほしいと依頼したともいう。面倒見の窓口について、上田氏側が、淡海一家の新川芳希本部長になってほしいと求め、義友希総長はそれを了解した。

その後上田氏は、新川本部長と会った際、「アウト」の業者の面倒を見たうえ、「イン」の業者の営業攻勢を抑えてもらうため、金額の多い少ないを言わなければ、盆暮れに礼金を支払う約束をした。そのうえで八月五日、自分の会社の者に、三〇〇万円を新川本部長に届けさせた。しかし新川本部長は、その金額の少なさに不満を示し、受け取りを拒否。そこで上田氏は一〇月一〇日、京都市内の「からすま京都ホテル」に新川本部長を呼び出し、持参した五〇〇万円を渡したという。新川本部長はこの金額にも不満を示しつつも、「迷惑料」として受け取るなどと発言した。

このときのホテルでの会話は、上田氏がボイスレコーダーにすべて録音していた。そして、淡海一家の新川本部長からの五〇〇万円の恐喝と二〇〇〇万円の恐喝未遂容疑で、上田氏は同じ月の二一日、同総本部長と淡海一家の高山義友希総長を恐喝で告訴したのだ（この事件では先述の西田最高顧問〈当時〉も逮捕）。

そしてこの五〇〇〇万円恐喝事件の告発から一ヵ月後の一一月二二日、先にも触れたように、計四〇〇〇万円恐喝の被害届が追加提出され、山口組ナンバーツーの髙山若頭が共犯として逮捕されることになったのである。

## 山口組弁護側は虚偽のストーリーと主張

〇五年三月にトラブルが発生し、上田氏がこの年の暮れに一〇〇〇万円を脅し取られてから四年近くが経った後の被害届提出だった。そのため「事件発生から被害届まで時間が経ちすぎではないか」と、数々の憶測を呼ぶことになった。

当時、警察庁の安藤隆春長官は「弘道会壊滅作戦」に血道を上げていたが、上田氏が抱えたトラブルは、髙山若頭逮捕の絶好のネタになった……そんな指摘も後日、飛び出している。

髙山若頭側の弁護団は、裁判の中で計四〇〇〇万円の現金受け取りを否定。恐喝は「でっち上げ」で、髙山若頭逮捕ありきの上田氏と捜査当局との合作、「虚偽のストーリー」と無罪を主張した。

弁護団はその証拠の一つとして、裁判所に証拠採用されていた上田氏の「税務手帳」の記述（〇九年一〇月一〇日、同一一日付）を取り上げている。淡海一家の新川本部長に五〇〇〇万円を渡したときのホテルでの会話の録音に成功した直後のメモで、そこには「白日にさらすこと」「神戸五代及びメディアへ流せ」という書き込みに続き、「長官へも」とあった。弁護団はこの記述が、安藤長官を利用しようとしていた証拠だと主張した。

馬場美次会長

髙山若頭が逮捕されるちょうど二年前の〇八年（平成二〇年）一一月、

「会津小鉄会六代目継承杯之儀式」が行われている。図越利次五代目会長が引退し、六代目に馬場美次会長が就任。その継承式ＤＶＤのコピーが筆者の手元にあるが、馬場六代目会長の後見人は高山若頭だった。

会津小鉄会の内部事情を知る関係者は、馬場六代目会長誕生の背景についてこう明かした。

「会津小鉄会の幹部には、図越会長からカネを借りていたり、不満を持つ者がいた。それで幹部が示し合わせてクーデターを起こし、馬場会長が跡目《あとめ》を継ぐことになったんや。事前に菱《ひし》（山口組）の了解を得ていたそうや。だから、馬場会長の後見人に高山若頭がなったんや。今や会津の組員は一〇〇人を切っている。六代目になってから、京都は菱に取られてもうた」

組長交代が、クーデターであったかどうかは確かめようがない。しかし、山口組が会津小鉄会を「舎弟」として支配下に置き、京都での会津小鉄会の勢力が衰退していることは確かである。

上田氏にしてみれば、京都支配を確立した山口組弘道会の攻勢から自らを守るためには、警察に飛び込むしかなかったのではないか。一方の警察側にすれば、当時「弘道会壊滅作戦」の最大のターゲットである高山若頭絡みの、上田氏からの被害届は、願ってもない〝ネタ〟であった――。

高山若頭側が法廷で主張したように、四〇〇〇万円恐喝事件が、上田氏と捜査当局が合作したシナリオだったかどうかは定かではないが、両者の思惑が一致していたことだけは、間違いなかろう。

高山若頭はこの秋にも出所する。このため、ヤクザ業界、とりわけ敵対する神戸山口組側を「恐怖に陥れている」（元山口組関係者）といわれている。出所前の「返し」（報復）の話も出ており、複数の親分を狙った「暗殺部隊」の編成もひそかに進められている、という、組関係者もいる。水面下で不穏な空気が漂っていることは事実だ。

# 第４章　京都政財界の黒いフィクサー・山段芳春の謎と死

## 府警・地検・総評……錚々たる面々を連ねた「京のフィクサー」

長年にわたって京のフィクサーと呼ばれてきた京都の損害保険代理会社「キョート・ファンド」（当時、京都市中京区）の山段芳春《さんだんよしはる》会長が入院先の病院で死去したのは一九九九年（平成一一年）春、三月一九日午前九時三四分のことだった。六八歳だった。死因は肝臓ガン。山段氏は前年五月、肝臓の手術をして以来、数カ月ごとに検査入院を繰り返した後、九九年一月下旬から入院していたが、数日前から容体が急変したという。死に急がせた理由が別にあるとすれば、それはほかならぬ本人にあった。

山段氏には、元京都府警警部補に対する贈賄容疑で京都府警の逮捕状が出ていたのである。前日の三月一八日、自宅やキョート・ファンドなど関係先が一斉捜索を受け、本人の病室にも捜査員が訪れた。しかし、医師から「病状が重く、逮捕や拘置に耐えられない」と説明を受けたため、逮捕状の執行を見送った。

山段氏の容疑は、九六年（平成八年）から九七年（平成九年）にかけて十数回にわたり、京都府警五条署警備課係長として勤務していた浦窪聖一元警部補に、英国製の背広生地やネクタイなど二一点、時価百数十万円相当の品を贈り、見返りとして、府警の捜査情報を聞き出していた疑いだった。山段氏とともに、その秘書で愛人といわれていた、同氏が会長を務める任意団体「京都自治経済協議会」の安川良子事務局長にも贈賄容疑で逮捕状が出ていた。

事件の端緒は、「捜査当局が入手した山段氏の手帳にひんぱんに浦窪元警部補の名前が出てきた。元警部補も署内で、ネクタイなどの贈答品を『山段にもらった』と自慢していた」（関係者）ことからといわれ、前年秋から山段氏贈収賄事件の特別捜査チームをつくり、内偵を重ねてきたという。

山段芳春会長

収賄容疑で逮捕状が出た浦窪元警部補は、この年の一月、強引な商法で消費者から苦情が増加していた五条署管轄下の宝石販売会社「ウェディング」（京都市下京区）の中坊進二社長＝贈賄容疑で逮捕＝から、二〇万円相当の商品券と現金一五〇万円を受け取り、見返りに捜査情報を流したとして収賄容疑で逮捕されたばかりだった。

九四年（平成六年）に設立。女性を使って男性客に電話、宝石や貴金属を売りつけるいわゆるアポイントセールスで急成長した、その疑惑の「ウェディング」の役員には、元京都府警警察官のほか、山段人脈として知られている元京都総評議長の松井巖、元大阪地検検事の小野哲弁護士、元京都地検検事正の吉永透弁護士、そして大阪国税局OBの小山史郎税理士など錚々《そうそう》たるメンバーが名前を連ねていた。

中坊社長は、山段氏が会長の「京都自治経済協議会」の会員の一人で、同社から山段氏に毎月交際費が支払われていたという。このため、山段氏に対する強制捜査があった日、「ウェディング」が三年間に三億数千万円の所得税を脱税した疑いがあるとして、京都地検と大阪国税局は合同で、同社や「京都自治経済協議会」などを同時進行で家宅捜索した。その直後の死去だったのである。

## CICで訓練、バックに暴力団――表と裏をつないだ男の出発点

それにしても、古都に激震を走らせた強制捜査とその死。京都の政、官、財界に隠然たる力を持ち、「京都の黒幕」として君臨し続けてきた山段氏とは、いったい何者だったのか。

山段芳春は、一九三〇年（昭和五年）七月八日、京都府福知山市で生まれた。一五歳の時終戦を迎え、兵庫県の川西航空技術者養成所を中退した。戦後の混乱期で、正規の警察とは別に人手不足を補うために特別警備員というポストが新設された。山段氏はこれに応募し、警察訓練所（現在の警察学校）で短期間の訓練を受けた後、四八年（昭和二三年）三月から西陣警察署に配属された。ここで、米軍接収施設の警備にあたった。西陣署にその記録が残っている。

さらに翌四九年、京都府の渉外課に転じ、京都府と米軍の折衝の窓口をやった。ここでの仕事がのちに「どこのだれが、どういう経歴の持ち主か瞬時に回答できる人物」との山段氏評をつくったもとといわれている米軍諜報機関ＣＩＣの仕事だった。

反戦作家・鹿地亘氏の誘拐監禁事件でその名前を世に知られた謀略機関キャノン機関は、そのＣＩＣの部長だったウィロビー少将直属の秘密組織だった。山段氏は主に思想関係の情報収集にあたり、シベリア（ロシア）からの引き揚げ者が上陸する京都府舞鶴港で、進駐軍とともにスパイのチェックにあたったという。

いまでこそ、山段氏の名前はイトマン事件などを通じて一部では知られるようになったが、京都政財界の〝闇の帝王〟として、同氏を初めて、かつ詳細に暴いたのは、『週刊朝日』（八一年一二月）の三回にわたる連載である。

ここで、山段氏は、戦後のＣＩＣ時代をこう振り返っている。

「まだ警察官が身分を隠して京大の聴講生にもぐりこんで、情報収集するような時代やった。ワシも進駐軍のＣＩＣの仕事をやっていた。向こうから見込まれたんやな。まず渉外課に入らしてもろてから、三ヵ月ぐらい米軍の訓練を受け、そのあと進駐軍に派遣されて、身分が進駐軍に変わってしもた。訓練はそら厳しかったで。警察学校なんか問題にならん。もっと厳しい。

まず、メモはとらんわな。たとえばどこの会合はだれが議長で、だれがどんなことをしゃべったか、頭にたたきこむんや。昭和二七年（五二年）まで、その仕事をしていたが、これは大学に行くよりもいい勉強になったな。いろいろ情報を重ねあわせて、その裏の意味がわかるようにもなった。この時期の勉強が、いまのワシをつくったんや。思想関係とか労働運動の勉強もできたで。駐留軍の労働組合の執行委員をやったこともあるしな。

あのころの占領政策の中で、日本人に反感を持たせずに意識改革をやっていこうとしたＣＩＣのやり方はよかった。対立しないで仲良くやっていこうということや。ワシの自治経済協議会も、もとはといえば、あのときの経験からつくったもんなんや」

さきのＣＩＣの仕事をやめた後、山段氏はある弁護士事務所で見習いのようなことをしていた。ここで大手都銀京都支店での抵当物件にからんだ事件に介入するなどして実務を経験する。ずっと後の全盛期の山段氏のバックには、地元京都の暴力団・会津小鉄会の高山《たかやま》登《と》久《く》太《た》郎《ろう》会長がいたことは知られているが、暴力団との関係はこのころからあった。

神戸の暴力団松浦組や東京の住吉会、並木一家とつきあいがあった。並木一家の幹部の葬儀には、京都信用金庫の阿南孝士副理事長を従えて出席したこともあるという。京都市内で不動産業の看板をあげていた松浦組幹部が、山段氏の影響下にあった京信の手先として動いたこともある。京信支店開設のための土地転がしや不良債権処理、東本願寺のいわゆる「枳《き》殻《こく》邸《てい》」事件（七九年）などで山段氏の側近として暗躍した「近畿開発」（京都市）の宮本弘社長は、会津小鉄会とつながりがあるといわれた。

山段氏が、京都市内の暴力団関係者が経営する喫茶店の経理の面倒を見るなどしていたことから、警察から「準構成員」としてマークされていたこともあったという。

暴力団と関係しながら、弁護士事務所の下働きで身についた裏金融のノウハウを使い、中小企業の経理の世話などする一方、企業倒産や紛争に介入しては、カネを稼ぐ「事件屋」「整理屋」として事務所を構えたのは、昭和三〇年代初めの一九五七年（昭和三二年）ごろのことだった。「京都自治経済協議会」の前身、「京都商業経済協議会」である。

## 君臨のきっかけとなった京信・榊田理事長との出会い

その山段氏が「京都の黒幕」として大きく君臨するきっかけになったのは、京都信用金庫理事長だった榊田喜四夫氏との出会いからである。

一九六五年（昭和四〇年）ごろのことで、当時、内紛を抱えていた京信に的をしぼった山段氏は、オーナー一族として副理事長をしていた榊田氏の恥部を洗い、接近したという。それより数年前、京信は大蔵省の特別監査を受け、簿外資産や不正貸し付けが発覚。大蔵省の意を受けた大和銀行筆頭常務が理事長として送り込まれていた。

改選を前に、その大和銀行出身の理事長に直接会い、「理事長をやめろ」と何度も圧力をかけるとともに、上京して大蔵省や政界工作も行った。こうして七〇年（昭和四五年）四月、京信の新理事長に就任したのが榊田喜四夫氏だったのである。

以来、榊田一族、京信は山段氏に足を向けて寝られなくなった。京信の豊富な資金を手にした山段氏の京都政財界の闇支配が始まったのは、これからである。

用意周到な山段氏は、京信支配を確実にし、また、資金も得るため前後して二つのことをやった。一つは、損害保険代理会社・キョート・ファンドの設立である。京信の貸付業務にともなう保険業務を一手に引き受ける会社で、京信が貸し付けを行うたびに契約が転がり込む仕組みにした。

もう一つは、京都信用金庫職員会議の設立である。一見、労働組合のない京信にあって、労組に代わる職員組合に見て取れるが、あくまで労組もどきの組織だった。それは、山段氏の発案で、最初から新理事長の榊田氏を支援する京信内部組織として発足した。

第一回発起人会は、山段氏の主宰する「京都自治経済協議会」（当時、京都商業経済協議会）の分室で開かれ、当時三〇代だった井上達也氏や粂田猛氏、さらに山段氏の秘書で愛人の安川良子氏など一五人が設立発起人になった。初代議長の井上氏は現京信理事長、粂田氏は専務理事になるなど、職員会議は京都信用金庫の登竜門だった。山段氏は、この職員会議の常任顧問に就任し、京信を内部からコントロールできる仕組みをつくったのである。

冒頭の贈収賄事件で、山段氏とともに逮捕状が出された安川良子氏は、京都市会図書館司書をしていた時、みそめられて愛人になったといわれている。その安川氏は、職員会議の書記局長に就任した。

## 「京都自治経済協議会」の人脈の中心「相宗芳春」

さて、手元に一枚の京都人脈図がある。さる官庁が作成したといわれているこの人脈図の作成時期は、八五年（昭和六〇年）ごろ。その中心にいるのは、山段氏である。「本名相宗芳春」とあるのは、結婚した相手の女性が「相宗」だったからだという。

この人脈図を見ればわかる通り、その網は京都全体、中央政財界から京都市、京都府、金融、新聞・テレビ、そして警察・検察、弁護士会、エセ同和、右翼・暴力団、新興宗教にまで及んでいる。

その人脈のかなめとなったのが、さきにも書いた「京都自治経済協議会」である。

当初、「京都商業経済協議会」の看板を掲げて活動し、企業に食い込みを図っていた時代の山段氏のスタッフは、元京都地検次席検事の三木今二弁護士をはじめ、夏秋義太郎・元京都市助役、堀谷正夫・元中京区長、片山光三・元民生局長などの京都市役所ＯＢ、松本五郎・元堀川署長、下田敏夫・元京都府警交通部長、塩見敏夫・元舞鶴西署長ら府警ＯＢだったといわれている。

それが、地元京都では京都銀行に次いでナンバー２の金融機関だった京信を支配下に置くことで、その人脈も活動も飛躍的に広がることになった。

七七年（昭和五二年）一二月、「京都商業経済協議会」は、現在の「京都自治経済協議会」に改称された。きっかけは、山段氏の次のような呼びかけだったという。

「今日の進展と理念の高揚から考えて、『京都商業経済協議会』では、視野が狭いし実態に沿わなくなってきた。企業を守り、市政を発展させ、住みよいまちづくりということを考えて取り組んでいくとなれば、行政と企業は仲良くし、市民と共に三位一体をなす姿がイメージされなければならないと思う」（元京都総評議長・松井巖京都自治経済協議会常任相談役の講演「星峰部会創立一〇周年を迎え今後の進路を考える」から）

巷間《こうかん》、「黒幕」「フィクサー」と呼ばれてきたあの山段氏とは似ても似つかぬ理念と思えるが、翌七八年、その具体化として「京都構想フォーラム」が設置された。山段氏を主宰者に、榊田喜四夫・京信理事長、阿南孝士・同専務理事、船橋求己・京都市長、今川正彦・京都市助役、武村《たけむら》正義《まさよし》・滋賀県知事、井上太一・京都銀行専務、白石英司・京都新聞副社長、井上達也・京信職員会議常任相談役、勝山昌平・同議長らが中心メンバーになった。

「職員会議のあゆみ——京都信用金庫職員会議20年史」（九三年五月発行）

榊田喜四夫理事長

に、「京都構想フォーラム」結成時のメンバーである武村滋賀県知事、山段芳春氏、白石英司氏、井上太一氏などが肩を組んでおさまっている珍しい写真が収録されている。

この「20年史」によると、「京都構想フォーラム」のテーマは「京都復権」。その一翼を担うのが地域金融機関である京信と位置づけているが、「大阪、京都を中心に半径五〇キロメートルのエリアは歴史的つながりがあり、共通の基盤をもっているとかんがえた。京都信用金庫の店舗があるところは、すべて京都復権への足がかりとなりえる」と、その背景に京信の営業戦略があることをあけすけに語っている。実際、この時京信は、今後五年間で資金量一兆円達成の目標を掲げた。

## 警察・検察、市役所のOBで組織されたスタッフ「星峰部会」

さて、設置された「京都構想フォーラム」のテーマを実現するということで、「京都自治経済協議会」の中にも、各企業に入っていた各ジャンルのOBによる部会がつくられることになった。

七九年（昭和五四年）七月、弁護士、検事、警察など司法経験者で、当時、金融機関や交通機関など公益企業に勤務し、企業防衛にあたっていたOBでつくる「七星会」が、同年一〇月には、京都市役所の退職者でつくる「紫峰会」が結成された。

「七星会」の主要メンバーは、「京都商業経済協議会」時代のスタッフでもあった元京都地検次席検事の三木今二弁護士をはじめ、元京都地検検事正の吉永透弁護士、元大阪高検検事長の冨田正典弁護士、元福岡高検検事長の杉島貞次郎弁護士、在野の森川清一弁護士など錚々たる顔ぶれだった。

「紫峰会」も、夏秋義太郎・元京都市助役を中心に、福武昇、濱野練太郎、岡本文之の各助役経験者や片山光三・元民生局長、堀谷正夫・元中京区長など各区長経験者が主要メンバーになった。

「七星会」と「紫峰会」はのちに一体化して「星峰部会」となる。八三年には、メンバーのうち学識経験

京都人脈図（1985年頃）

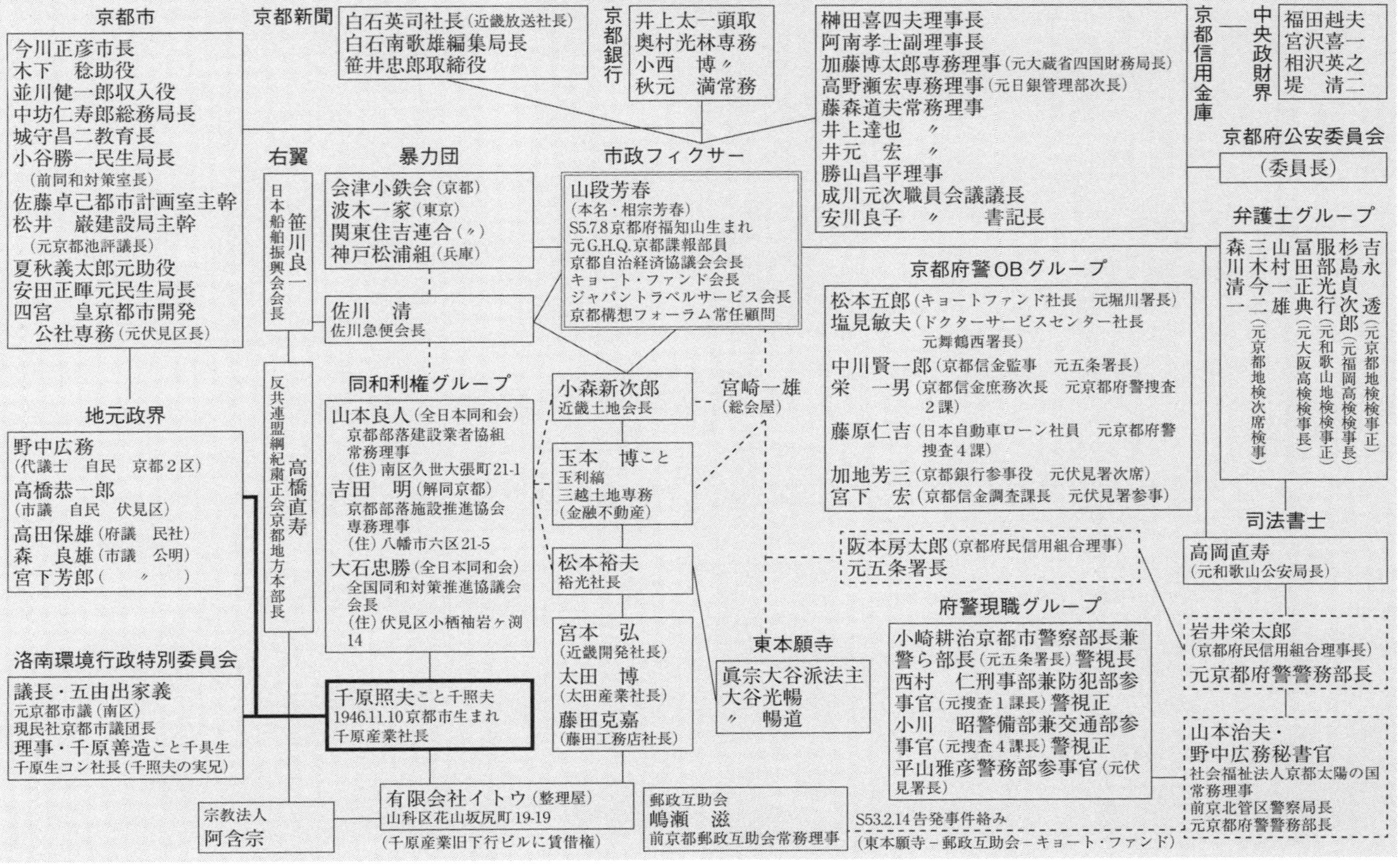

者や金融機関を中心にした企業の代表的立場にある人たちで構成した、シンクタンク「三樹会」の前身である「大蔵会」が結成された。ここには、さきにあげた弁護士以外では、元和歌山地検検事正の服部光行弁護士、元大阪高裁判事の栗山忍弁護士、元大阪地裁判事の小澤義彦弁護士などがメンバーになった。

京信の関連ノンバンク・キョート・ファイナンスを舞台にした東京の石油卸商社・石橋産業をめぐる手形詐欺事件が二〇〇〇年（平成一二年）三月、東京地検特捜部に摘発されたが、許永中被告に対抗するため助けを求めた石橋産業の石橋浩社長に、山段氏が九六年一一月、「それなら」と常任顧問就任をすすめたのが、この「三樹会」である。

山段氏にとっては、〝万能〟の組織であるその「京都自治経済協議会」について、面白い文書が手元にある。同協議会の中核組織といわれる「星峰部会運営改革（案）」と題したもので、日付は九七年五月六日。

同部会の性格と位置づけ、現状について、こう言っている。少し長いが紹介する。

（性格）「京都自治経済協議会星峰部会は昭和五七年（一九八二年）七月六日発足以来今日まで一五年の歴史を持ち、当初から法務、行政、税務、社会福祉等の職務経歴を有してきたものがそれぞれ縁あって山段理事長を慕って集い、かつ就職等個人個人にとって親身の相談やお世話になる一方、自分の持っている専門知識と経験を企業や地域社会に有益還元していく」

（位置づけ）「星峰部会は言うまでもなく京都自治経済協議会の一部会であり、その位置づけは行政経験者集団であり、三樹部会の企業経営者集団とともに京都自治経済協議会の目指す京都構想フォーラム実現に向かってその一翼を担うものであること。従って、星峰部会員の企業就職は京都自治経済協議会からの出向者としての自覚が肝要であること」

（現状）「星峰部会の会員は山段理事長の〝人間関係を大切にする〟という信念に慕いかつ、共鳴しその人間性にほれこんだ仲間であり、山段理事長の世話で企業就職させて貰《もら》った関係にもかかわらず、数年後に企業から退職すると同時に、星峰部会からも撤退して終《しま》うという状況が顕著となってきた。このことは星峰部会入会時の初期の仲間意識とか山段理事長とは一生の付き合いだとする、同志集団としての建前からすれば些《いささ》か理不尽だと指摘せざるを得ない」

つまり、「星峰部会」は、山段氏の世話で再就職できたＯＢの集まりだということである。それで、再就職先では「出向者」としての自覚が肝要であるにもかかわらず、最近、それが薄れ、退会者も相次いでいると、嘆き、怒っているのである。

## 網の目の情報源を支配の道具にした京都市政とのかかわり

その「星峰部会」の会員数は、八二年（昭和五七年）の部会発足時六六人だったのが、一〇年目の九二年（平成四年）時点で延べ在籍者は一五二人という。そこには「検察」「警察」「日銀」「国税」「京都府」「京都市」などの出身者が、上は検事長から下は京都府警の係長、京都市立病院の看護師まで名前を連ねている。その再就職先が京都銀行であり京信であり、タクシー会社であり、病院・福祉施設であり、ゼネコンであり、またその関連会社だったりしたのである。

山段氏自身が「星峰部会」（旧七星会）についてこう語ったこともある。

「七星会の会員はだれからも束縛されず、最高の栄誉をもつ人びとである。この人びとを協力者にもっていることは、京信や京銀がもしもトラブルにまきこまれたとき、たいへんに心づよいものがある。京信の幹部だけでは対処しきれない問題もあるからである。この人びとは欲をはなれた立場で精一杯協力してくださること、そしてそれが企業防衛であり、諸君の身分保全であることをじゅうぶんに認識すべきである」（八二年、「20年史」から）

冒頭の贈収賄事件の元警部補が山段氏からの贈り物を同僚に自慢したのも、山段氏と親しい関係を誇示するためであり、同協議会に出入りしていたのも、「再就職先」をあっせんしてもらうのが狙いだったといわれている。

こうして、網の目のように張りめぐらされた情報網を山段氏は、存分に使い、また、支配の道具にした。山段氏と取材で何度か会ったことがあるという、ある在京ジャーナリストは、「ある事件の取材をしていた、背景がどうしても知りたかった。それで山段氏にその話をしたら、もう即日、警察の捜査資料が届いた。あれには驚いた」と、その情報収集力、それも警察情報に強かった山段氏を振り返る。

ところで警察との関係もそうだが京都市役所との関係を抜いては山段氏は語れない。

ある京都市役所ＯＢによると、「京都自治経済協議会」の前身、「京都商業経済協議会」を発足させた昭和三〇年代の中ごろには、京都市役所の廊下を走り回る姿が頻繁に目撃されたという。

元京都総評議長の松井巖氏は、さきの講演の中で、当時、市職労委員長への立候補をためらっていたところ、山段氏から「断固としてやれ」と要請されたことや、同氏自ら市立病院や市役所、区役所、民生局事務所などをオルグして立候補した松井氏を支援したことを述懐している。

当時は高山義三市長時代で、このころから山段氏は松嶋吉之助助役や八杉正文・市長公室長など市幹部に再三会い、市政に対する意見を述べていたともいう。

しかし、なんといっても本格的に京都市政とかかわるようになったのは七〇年九月、当時の富井清市長が病気で倒れ、その後継者選びにかかわることになってからだ。

## 市人事を料亭「河庄双園」で行う京都市のキングメーカー

元京都市幹部によると、七一年（昭和四六年）二月の任期満了にともなう市長選挙の直前、京都ホテルの一室に当時の市幹部、社会党代議士（当時）などが集まり、そこで、船橋助役を市長候補に推薦する「富井市長の意思」が伝えられたという。その「法的立会人」になったのが、のちに「京都自治経済協議会星峰部会」の結成メンバーになる元京都地検検事正の吉永透弁護士だった。「星峰部会」の前身である警察ＯＢ組織「七星会」は、毎月第一火曜日に京信河原町支店で会合を開いていた。ここには吉永透氏の弁護士事務所があった。元幹部は、「山段氏が陰にいることが瞬時にわかった」という。

結局、市長選挙は船橋氏が革新陣営の候補者となり、自民・民社の推す永末英一氏を破って当選した。この時、山段氏は京都信金職員の総動員をかけたと、元京信役員はのちに語っている。

こうして、山段氏は一躍キングメーカーとなった。以後、船橋、今川、田邊と三代にわたる京都市長を陰で操る、「京都の黒幕」とささやかれるようになったのである。

絶頂期の山段氏を物語るエピソードがある。

ある元市局長によると、局長就任の際に関係団体を回ってあいさつしているところを、地元新聞社幹部から「緊急電話」ということで呼び出された。電話口に出てみると、「今度、あんたが局長になれたのは山段氏のおかげだから、あいさつに行くように」という話だったという。

京都市の人事を意のままに動かしていたことを如実に示す事例だが、いつのころからか、その人事を京都・祇園の高級料亭「河庄双園」で〝発令〟するようになったという。

山段氏は連日のようにここに通い、京信の職員を集めて長々と訓示したり、京都市町や助役との会談の場所に使った。船橋市長時代は、月二回以上会合が持たれ、当時の木下稔助役、後継の今川正彦市長、京信の榊田理事長、京都銀行の井上頭取、京都新聞社長で近畿放送（現KBS京都）社長でもあった白石英司氏らが出席していたという。

船橋市長二期目、助役再任が微妙な情勢にあった時のある晩、木下助役は、山段氏からその「河庄双園」に呼びつけられた。正座してかしこまる木下助役に、山段氏はおもむろに「木下助役再任」の〝発令〟をしたという話もある。

のちの自民党参院議員で警視総監の下稲葉《しもいなば》耕吉《こうきち》氏も、ここで榊田喜四夫氏と会ったといわれている。こうしたことから、山段人脈は、別名「河庄双園」人脈とも呼ばれた。

「河庄双園」人脈として登場する京都銀行とは、同行で起こった「導入預金」問題で山段氏が助けたことから、つながりができたといわれている。当時、京都銀行専務だった井上太一氏は、この「導入預金」問題があった後、すぐに頭取に昇格したという。京都新聞の白石英司社長との関係も、同社の内紛で山段氏が英司氏側で動き、おさめたことがつながりを持つきっかけになったという。

井上頭取、白石社長も、山段氏が提唱した「京都構想フォーラム」の発起人メンバーだったことはさきに書いた通りである。

「河庄双園」人脈が、どれほど山段氏との関係を大事にしていたか、それは、全盛期の山段氏が常任顧問として君臨していた「京都信用金庫職員会議」代議員会への次のような祝辞からも読み取れる。

船橋求己市長「京都信用金庫職員会議代議員会の盛会を祝します。京都復権は行政にとってもおおきな課題であり責任でもあります。榊田理事長殿ならびに山段常任顧問殿には、市政の発展のためにひとかたならぬお世話になっております」（七九年九月、第八回代議員会、「20年史」から）

井上太一京都銀行頭取「京都信用金庫職員会議代議員会にお祝い申しあげます。経営参加をうたわれ、みごとな労使協調を展開して、地域の発展に指導的役わりをはたされるのを目のあたりにみて、榊田理事長様のご見識と山段常任顧問様の指導力に敬意を表します。京都銀行との連携をよりいっそうふかめて会員各位の結束と職員会議のますますのご発展をいのります」（同）

## 許永中との出会いとイトマン絡みの家宅捜索

こうして、「キングメーカー」「フィクサー」になった山段氏は、八〇年今川市長のもとで起こったいわゆる「古都税」（古都保存協力税）問題をはじめ、京都でキナ臭い事件が起こるたびに背後にその存在がささやかれ、そのたび、「京都の黒幕」として存在感を増していった。

しかし、それもやがて下り坂になる。そのきっかけになったのが、九一年、大阪地検特捜部が摘発した大阪の中堅商社・イトマンをめぐる特別背任事件である。三〇〇〇億円もの金が闇世界に消えたといわれているこの事件で、山段氏が会長をしていた京信の関連ノンバンク・キョート・ファイナンスは、同年六月、家宅捜索されたのである。

キョート社が、この事件の主役である元不動産会社社長・許永中被告の資金調達先と目されていたからである。実際、西宮市の中堅ゼネコン・新井組株などを担保にして、同被告グループには約六六四億円の融資が行なわれていた。

その許被告が京都にあらわれたのは、八三年ごろといわれている。京都新聞社社長で近畿放送社長だった白石英司氏が同年一月、急逝したことを契機にして、近畿放送の財務調査をしたところ約八〇億円もの簿外債務があることがわかった。

白石英司氏の死去で社長職を継いだのが、のちに許被告とコンビを組むことになる内田和隆専務（当時）である。この簿外債務の処理に頭を痛めた内田社長が相談したのが、生前、白石英司氏が親しくしていた東邦生命顧問の野村周史氏である。野村氏は当時、岸昌《きしさかえ》・大阪府政のキングメーカーとして、「大阪の黒幕」と呼ばれていた。その野村氏に紹介されたのが、許被告だった。

以後、許被告は近畿放送の子会社・トラストサービスの代表取締役に就任する一方、老舗のレース会社「日本レース」（京都市）支配人の肩書を得て、手形乱発事件を起こし、一躍、関西の地下経済界でその名前を知られることになる。


山段氏が、その許被告と初めて会ったといわれるのが八四年五月、近畿放送の株主である京都新聞社が内田社長の解任を決議するために開いた臨時株主総会の直前だった。

山段氏は、別名「山段ビル」とも呼ばれていた京都市中京区のキョート・ファンドの四階建て本社ビルにいた。

「藤田（許の日本名）永中が車を連ねて押しかけてきた。内田（和隆・近畿放送社長）に頼まれたようだった。帰ってすぐ、関西の親分衆に電話して、何者かさぐった。『なんで、ワシが殺されなならんのや』と、高山登久（太郎・会津小鉄会会長、当時）さんに直談判した。その日のうちに大阪の親分に連れられた永中と再び会った。ワシには高山登久さんがついて話し合い、『今後、京都には手を出さない』と約束ができた。その時、『土井』（東山・高台寺の高級料亭）に、田淵（良秋・近畿放送専務）、西村（二郎・京都新聞専務）、白石浩子（京都新聞会長、白石英司社長未亡人）を待たせておいた。永中は、『土井』へも行って、三人の前でも約束した」と、後日話している。

その後の八九年六月の株主総会で、山段氏は東京のフィクサー、福本邦雄・フジインターナショナルアート社長を代表取締役社長に据え、許被告人脈を役員に入れることで、事実上、近畿放送を手中に収めるが、これが、のちのイトマン事件に連動したＫＢＳ疑惑として、京の街を騒がすことになる。

山段氏と許被告の出会いでいえば、もう一つ、京都銀行株式買い占め事件というのがある。

これは、八八年七月ごろ、京都銀行株が金融業者・アイチや山口組系暴力団・池田組の池田保次組長（失踪）が主宰する仕手集団・コスモポリタン、旧大阪信用組合の関連会社「大阪抵当証券」などに買い占められていることが判明したことから始まった。

キョート社が九二年六月、近畿財務局に提出した「キョート・ファイナンスの再建計画について」（作成者・京都信用金庫）と題する資料に、「京都銀行主に係わる経緯」という項目があり、ここには、京都銀行としては表だって動けないため、大阪国際フェリー社株・許永中氏に株の買い戻し交渉を全面委任したとある。その結果、八九年四月ごろ、同被告の努力で買い戻しのメドがつき、その買い戻し代金七五〇億円を、キョート社から出すよう要請があったという。この資金は金融機関から借り入れ、このことで当時六六四億円だったキョート社の借金は、一挙に一六一一億円まで膨れあがったという。

キョート社からの融資をもとに京都銀行株は、許被告と親交があったという、近畿放送社長・福本邦雄氏の会社・フジインターナショナルアートなど三社の名義で買い戻された。この時、京都銀行株の買い戻し条件としてついてきたのが、新井組株だったという。

のちに、これがキョート社を舞台にした石橋産業をめぐる手形詐欺事件摘発の材料になるのである。が、山段氏が明らかにしているところによると、買い戻しの経緯は、キョート社が近畿財務局に提出した資料の内容とは違っている。

それによると、許被告は最初、京都銀行の敵側にいた。つまり、買い占め側にいたのである。それで、会津小鉄会を間に入れるなどして、最終的には京都銀行側にいた山段氏側に寝返ったという。こうして、京都銀行株が無事戻った時、付帯してきたのが「もともと永中が持っていた」（山段氏）新井組株式六〇〇万株で、キョート社が融資して、同被告の新井組株は一一二〇万株まで増えたという。

## 死とともに封印された山段芳春の謎と京都銀行株買い占め事件の解決金

この京都銀行株買い占め事件の解決金として、当時、山段氏の指示で、「許被告関連会社に六六四億円、会津小鉄会高山登久太郎関連に一〇〇億円、部落解放同盟上杉昌也関連に二三〇億円、総額一〇〇〇億円の融資を実行した」との証言もある。

いずれにせよ、この事件を契機にしてキョート社の財務内容は、一気に悪化する。

それは、そのまま山段氏の「威光」の低下につながり、かつての子飼いだった井上京信理事長らの反乱にあうことになった。山段氏は九三年（平成五年）四月、その全存在だったといってもいい京信の顧問を辞任。三年後の九六年春には、唯一の足がかりになっていた京都信用金庫職員会議も解散した。このため山段氏は、同年一〇月、ついにキョート社会長を辞任。次いで相談役、顧問と年々、後景に退き、もはや、その影響力はないといわれていた矢先の逮捕状であり、急死だった。その「急死」も「病死でなく自殺」（山段氏の元側近）という証言もある。

元府警五条署警部補の贈収賄事件は、容疑者死亡で山段氏は不起訴処分、山段氏の秘書で「京都自治経済協議会」事務局長だった安川良子氏は、起訴猶予処分で九九年六月、終結した。事件では、段ボール二〇〇箱もの資料が押収された。しかし、捜査打ち切りで、四〇年近くにわたって京都の政界、財界、官界に影響力を持ち続けてきた山段氏の謎は、その死とともに封印されてしまった。

# 第5章　ナニワの借金王・末野興産の一〇〇〇億円の裏金脈

## タニマチとしても有名なナニワの不動産王の出自と履歴

ナニワの借金王、「末野興産」（大阪市西区、末野謙一《けんいち》社長）に捜査の手が入ったのは、一九九六年（平成八年）三月一四日のことである。一兆円近い損失を抱えて経営破綻《はたん》した「木津信用組合」と系列ノンバンク「木津信抵当証券」に対する背任と詐欺容疑の強制捜査が行われた翌日のことで、大阪府警捜査二課が同本社や大阪府吹田《すいた》市の末野社長宅など二十数ヵ所を一斉に家宅捜索した。きっかけは、木津信抵当証券の詐欺事件だった。九五年夏の木津信組の業務停止直前、「末野興産」は三八六億円もの預金を同信組から引き出し、同信組と抵当証券の経営破綻を決定づけた。同信組側は、解約を事前に打診され、破綻に追い込まれることを知りながら抵当証券を販売した疑いがあるところから、詐欺事件解明には「末野興産」の捜索は不可欠として行われた。

九五年暮れ以来、巨額の不良債権を抱えた住宅金融専門会社、いわゆる住専処理のために六八五〇億円の税金をつぎ込む政府決定に国民的憤激が起こり、貸し手である住専とともに借り手である不動産会社などに対して世論の厳しい批判の眼が注がれていた。そのなかで「末野興産」は、年明けに大蔵省が公表した大口融資先で一企業としてはトップ、グループ企業としては日本住宅金融など住専五社から総額二三六七億円の融資を受け、同じ大阪の住宅建設会社「富士住建」（大阪市住吉区、安原治社長）グループに次いで二番目という、最大借り手の一つだった。住専問題の表面化とともに、週刊誌などが一斉に大口融資先の「バブル紳士」として日ごろの派手な行状を取り上げたこともあり、政府の処理策推進のためいまや国家的プロジェクトになった住専捜査にとって格好の標的、入り口になったのである。

末野謙一社長

その「末野興産」の末野謙一社長は鹿児島県出身。民間信用調査機関などの調べによると、大阪市此花《このはな》区四貫島《しかんじま》で育ち、大阪市内の私立高校を卒業後、大阪府内の土木建築会社に入社。六四年（昭和三九年）、実兄の砂利採取運搬業「末野組」の創業に参画。六八年、実兄に代わって「末野組」の代表取締役に就任した。時はちょうど七〇年の大阪万国博景気。末野社長自ら語ったところによれば、「一八歳のとき、自分でトラック一台買って持ち込みの下請け仕事から始めた。万博のころは一国の主で、三〇〇人ぐらいの人を使い、ダンプも一〇〇台、ブルドーザーも四〇台持ち、凌駕《りょうが》する勢いだった」と言うが、「末野組」はその万博の年の七〇年（昭和四五年）八月、倒産している。

その後、末野社長はいくつかの会社経営に参画したもののいずれも倒産。今日の不動産賃貸業「末野興産」を設立したのは七九年（昭和五四年）二月のことで、最初の社長は妻の末野喬代氏だった。事実上の経営者である末野社長は役員の一人として名を連ねたが、なぜ、自ら社長にならなかったのか。もともと、「末野組」前後から恐喝、暴行、傷害などのいわゆる粗暴犯で何度も警察に逮捕されている前歴のためか、あるいは以前の会社倒産が表面に出ることを妨げたのか不明だが、文字通り代表取締役社長に就任したのは五年後の八四年（昭和五九年）五月のことである。

それからの「末野興産」は、「天祥ビル」の名前で事業を展開。八〇年代後半、折からの不動産ブームに乗って大阪を中心に、西は九州・福岡、東は東京で賃貸業を急速に拡大した。

「どこの街にもある天祥ビル」のキャッチフレーズとともに、夜の繁華街でひときわ目立つグリーンのネオンサインで統一された派手なレジャービルやマンションが大阪の街のあちこちに出現したのはこのころで、最盛期二〇〇棟にのぼった。担保の物件のほとんどは都心部にあるところから、銀行、ノンバンク、そして住専は競って「末野興産」に資金を貸し出し、一時期、グループ全体への融資残高は六六〇〇億円にも達した。

会社設立一〇年であっというまにナニワの不動産王になった末野社長は、芸能人や有名人の「タニマチ」としても有名だった。

たとえば、テレビの料理番組で有名な料亭「神田川」の神田川《かんだがわ》俊郎《としろう》、俳優の梅宮辰夫《うめみやたつお》、元プロボクシング世界チャンピオンの渡辺二郎《わたなべじろう》、角界では大島親方《おおしま》（元旭国《あさひくに》）といった面々を引き連れて、夜な夜な大阪・キタ新地のクラブで豪遊。一晩に一〇〇万円単位のカネを使っていたという。オアフ島に豪華コンドミニアムを所有していた末野社長は、大勢の俳優や角界の親方・力士を連れてハワイでひんぱんにゴルフコンペも開いた。

芸能人とのつきあいは、「末野興産」が最初に手がけた大阪・十三《じゅうそう》のキャバレー出演がきっかけだった。そのなかでもひいきにしていたのが俳優の藤田《ふじた》まこと。藤田の妻がキタ新地でクラブを開いた際、「末野興産」のビルにテナントとして入り、のちに事業の失敗で三〇億円もの負債を抱えたことで、金銭的にも深い繋《つな》がりができた。九五年（平成七年）五月、大阪府豊中《とよなか》市にある旧藤田邸は「末野興産」の関連会社が五億円で落札し、同一一月競売開始の手続きが始まった。同市内のもう一つの藤田邸にはやはり関連会社が一億二〇〇〇万円の根抵当権を設定するなど多額の借金を背負う関係になっている。

関連会社が根抵当権を設定している藤田邸は、山口組直系の奥浦組組長（東大阪市）の妻名義で二億円の抵当権が設定されていることが九六年二月発覚し、藤田が釈明記者会見を開いたいわくつきの物件でもある。

末野社長のとりまきの一人で、ボディーガード役もしていた元プロボクサー・渡辺二郎は、山口組と深い関係を持ち、ヤミ金融を業にしていたことはその世界では有名。渡辺二郎は九五年夏、恐喝容疑で大阪府警に逮捕されたが、処分保留で釈放され、不起訴になった。

## 「末野興産」の転機となった暴力団絡みでの福岡県警の摘発、逮捕

いずれにせよ、バブル期に得意の絶頂だった「末野興産」に転機が訪れたのは、さる九一年（平成三年）八月、九州・福岡市の歓楽街・中洲《なかす》に七階建てのテナントビルを建築すると申請しながら実際は、九階建ての通称「中洲天祥ビル二号館」を建築した建築基準法違反容疑で、福岡県警に摘発され、同社長が逮捕されてからである。

このとき捜査にあたったのは、同県警福岡地区暴力団犯罪集中取締現地本部で、末野社長が山口組と交友があり、ビルのテナント料などが山口組に流れていた疑いを強めていた。この社長逮捕の報に、同社は取引先金融機関などに文書をファクスで送りつけ、「報道の中に暴力団との親交が深くあるような点がありますが、まったく事実無根」と反論した。

しかし、この事件で世間はそれまで噂《うわさ》されていた「末野興産」と暴力団との親密な関係にいっそう疑いを深めた。というのは、前年九〇年秋、大手繊維メーカー「クラボウ」（大阪市）株が山口組の金庫番・宅見組系東生会の東義雄会長が代表取締役のフロント企業「天正興業」に買い占められ、筆頭株主になっていたことが発覚し、大騒ぎになった。その「天正興業」は、買い占め事件を起こす直前の同年七月、大阪市西区本田の「末野興産」所有ビル「九条レジデンス天祥ビル二〇五号」を事務所にして設立された会

社だった。当然、山口組と「末野興産」との関係に疑惑の目が向けられた。

そして九〇年暮れ、大阪で一枚の怪文書が出回った。「末野興産株式会社の暴力団癒着と横暴を世間の皆様に訴えます」と題したもので、発行人は「末野興産口無し会一同」となっていた。「口無し会」は、年の四分の一を女優とハワイで過ごす末野社長の優雅な生活の一方で、従業員を薄給でこき使い、会社乗っ取りを画策し、顧客に暴力を振るう末野社長の悪行を世間に知ってもらうため、同社社員有志、店子《たなこ》など二〇人が参加して結成したとあり、さきの東生会によるクラボウ株買い占めのカラクリを暴いていた。

それによると、「末野興産」ビルに事務所を構えて設立された「天正興業」は、「末野興産」の隠れミノで、経営するビルの「天祥」をもじってつけた社名で、資金の一部は「末野興産」が加担したものだという。

預金が一七〇〇億円あると豪語していた末野社長は、クラボウ株買い占めについて、「俺は、多額の預金を用意している。この仕手戦には必ず勝つ」と、会社役員会でも常々口にしていた。しかし、実際は危険な綱渡りだった。たとえば、クラボウ株買い占め資金に使った大阪の地銀系ノンバンクからの長期借入金約一〇〇億円は、融資を受ける際、一割の約一〇億円の定期を上積みして、約一一〇億円借り、その分の利子も払い、その定期も担保として差し出す、無理なカラクリをしながらの資金繰りであると指摘。このため「末野興産」の場合、預金といっても、すべて借金で膨れあがったものだとしている。

さらに、クラボウ株買い占めが世間に明らかになったあとの一〇月一〇日夜、末野社長は、いきつけの大阪・キタ新地の高級クラブで、今回の仕手戦について、「足立（副社長）のアホ。山口も頼りない」などとぼやきつつ、「山口の四代目や東生会組長はワシのロボットや。一〇〇万円の小遣いをやれば、何でも言うことを聞きおる」と、酔って大声で話していたという。暴力団による買い占めが明るみに出たことで、暴落必至になったなか、末野社長は東生会組長を通じて、クラボウに株売却交渉のタイミングを図ったが、マスコミの追及で戦略後退を余儀なくされていると書いていた。

真相のほどはわからないが、書かれた内容は、内部のものでしか知りえないものだった。九六年の住専問題の表面化で「末野興産」の巨額の預金、いわゆる末野マネー（S資金）の原資が、住専をはじめとする金融機関からの借金であることが明らかになったが、「怪文書」はすでにこのときそのカラクリを衝《つ》いている。「天正興業」名義で買い占めたクラボウ株は、結局、翌九一年一月、購入時を下回る価格でクラボウが買い戻した。「天正興業」は、名義を貸しただけで損はしなかった。買い占め時点の九〇年九月、クラボウから四五〇〇万円の配当金を受け取っており、その何割かは山口組に流れたとみられていた。

### 一三八億円の「仮払金」にメス入らず、罰金で捜査終結

ちょうどこの時期、バブル崩壊と政府の不動産融資に対する総量規制の発動で、巨額の借金を抱えた「末野興産」は、「富士住建」「朝日住建」などとともに、関西で危ない不動産会社のイニシャルをもじって「FOKAS」（フォーカス）などと呼ばれた。

福岡・中洲の事件は、地元の警察が暴力団がらみの事件として大々的に摘発したにもかかわらず、捜査はそれ以上伸びることはなく、末野社長は罰金四〇万円で決着した。実はこのとき、福岡県警の捜査で、バブル期に「末野興産」が末野社長個人あてに、「仮払金」名目で現金計一三八億円を支出していたことが発覚。同県警から通報を受けた大阪国税局が九二年（平成四年）、税務調査に入り、九一年一〇月決算期から五年間さかのぼって調査。その結果、ほぼ毎月、数千万円から数億円の計一三八億円の使途不明金を確認。このうち、約一億二〇〇〇万円が末野社長個人の遊興費に使われていたことが判明した。しかし、末野社長と会社側が使いみちを明らかにしなかったうえ、当時同社は赤字決算だったため、遊興費以外は追徴課税はなくそのままになったという不可解な経過がある。

九一年の暮れの一二月中旬、「末野興産」本社に近い大阪市西区北堀江のお寺で、暴力団山口組系柳川組（すでに解散）の柳川魏志《たかし》組長の葬儀・告別式があった。暴力団組長などが参列したこの葬儀には、イトマン事件の許永中被告や谷口正雄・酒梅組《さかうめぐみ》組長（当時）、右翼団体「大悲会」の野村秋介《のむらしゅうすけ》氏（当時）らとともに末野社長からの生花が供えられていた。「末野興産」は、旧柳川組の流れをくむ右翼団体「大化会」の機関誌『月刊ふじ』の常連広告掲載社でもあった。

いずれにしても、この福岡・中洲の事件以来、なぜか、末野興産問題は鎮静化していった。

そして九六年（平成八年）、住専問題とともに、大口貸出先の「末野興産」が再び脚光を浴びることになったのである。

## 一時間半の弁明となった本社ビルでの記者会見顛末《てんまつ》

その末野社長が、マスコミの前に姿をあらわしたのは大阪府警の捜査が入る約二ヵ月前の九六年一月二四日夕のことである。約三〇〇メートル四方に関連ビル約二〇棟がひしめき、「末野村」と呼ばれている大阪市西区新町の一角にある同本社ビル八階会議室に、新聞・テレビ各社の約一五人を集め、記者会見した。末野社長の懐刀といわれている足立武同社副社長、大阪地検特捜部出身のいわゆるヤメ検の同社顧問弁護士などが同席した。

柳川魏志組長

会見で末野社長は、「きょうは、まず私が話したいことから言わせてもらう」と前置きし、世情言われている同社長にまつわる噂について弁明した。たとえば、暴力団との関係について、「(報道で) ひどいのは山口組の宅見(組)と杯を交わしたと書いていたが、私はヤクザではない。(週刊)『文春』には、指にはダイヤ、時計は何百万と書いていたが、指輪などしていないし、時計も一〇万円ぐらいのものだ」。

さらに車やハワイの不動産について、「車はボクの趣味。会社ができて一八年になるが、いい車を集めてきた。多いときは二〇台ほど持っていた。ほしい人には転売し、もうほとんど処分した。いまは600のベンツ一台だけで、これもグループで買ってもらったもの。ハワイにはゴルフでよく行くが、不動産など一つもない。海外投資も株も一切ない。うちはまじめに賃貸マンションを建てて、社会に貢献している。純粋な貸しビル業を営んでおり、地上げなど一つもやっていない」。

また、アメリカへの入国ビザが拒否されていることについて、「犯罪経歴を隠すとか隠さないとかいうことではない。五年前、福岡の建築基準法違反のときに、前の駐車違反やらのことで『隠しているじゃないか』ということだ。判決は『一年以内にビザを取り直して、新たに入国してください』だよ。私はその一年以内に申告しなかっただけで、申告したらいつでも行けると思う」。

この後、報道陣の質問を受けた末野社長は、六八五〇億円の税金が投入されることになった住専処理について、「九〇年四月の（不動産融資の）総量規制で買い手がつかず、担保を持っていても銀行が貸してくれなくなった。九一年一月まで年間五〇〇億円、二年で一〇〇〇億円払ってきた金利も払えなくなった。先が読めなかった私の責任で、国民や住専に迷惑をかけた。住専に借りている物件は第一にきれいにしたい。売れ口が見つかればちょっとでも高値で買ってもらい、国民の税金が多少なりとも助かるようにしてほしい」と大口の借り手としての責任を認めた。

暴力団が末野興産所有ビルに入所していると報道されたことについて、「うちは一八〇ものビルを持ち、八〇〇〇から九〇〇〇近くの店子を抱えている。三〇〇社ほどの仲介・下請けが八〇〇〇室に入れたり出したりしている。『読売新聞』によると、その中の七件がそうだったということだ。新大阪天祥ハイツや高津《こうづ》だが、ハウジングローンから借りたときはまだ住んでいなかった。（暴力団は）家賃もきれいに支払い、迷惑をかけていないが、弁護士に相談して内容証明を出して、裁判で全部放り出す」と釈明した。

過去に大阪市営水道料金の滞納を大阪市議会で指摘されたことについて、「水道局は親メーターで集金する。怠慢なんですよ。滞納があるとすぐ止めてしまうし、店子が払わなくても家主がみんな払わんといかん。『個別にできないか』と水道局に言っても何も言ってこなかった。裁判しようと思って九〇〇〇万円供託した。新聞に書かれたので、供託（金）から払った」と、滞納の責任を水道局のせいにして開き直った。固定資産税についても「年間一五億円ほど払っているが、スカッと払ってきている」などと述べた。

九五年夏、その解約が「木津信用組合」の破綻の決定打になった三八六億円について、末野社長は、「あれは末野興産のお金ではない。グループ企業二社（キンキビル管理、天祥）の社長が、（木津信組の）金利が高いので、お金持ちから集めて預金したもの。解約となったときまたお金持ちに返した」と、末野興産とは関係ない個人の資産運用資金だったと説明した。

末野興産グループの資産状況について、「最盛期一兆四〇〇〇億円あり、現在は三〇〇〇億円はある。負債は最高時六五〇〇億円で、現在四五〇〇億円。うち二三〇〇億円が住専のカネ。家賃収入は年間一〇〇億円でうち五〇億円を金利として支払っている」と述べた。

強制執行を逃れるため、グループ内での不動産の転売や根抵当権の設定、資産隠しが行われているのではないか、との質問に末野社長は、「身内企業では全然ない。住専の物件も早く借金を減らさんといかんと、友だちに抱いてもらって、そこから上がる家賃の一〇％を末野興産がいただき、管理も続けるという考え方でやっている」と否定した。

一方、住専問題に対する刑事責任について、「借り方に不透明なことはないし、賃借権の問題とか、刑事事件になるような問題はない。心配していない」と、強気の姿勢を示した。

## 国会での参考人質疑の夜もキタ新地の高級クラブへという傍若無人

しかし、この約一時間半の記者会見で末野社長が語ったことの少なからぬ部分は、すぐにウソであることがわかり、のちに否定したはずの資産隠しの刑事責任を問われて自ら逮捕されることになった。

まず、国税当局が九六年二月一三日朝、「末野興産」や「富士住建」など住専大口融資先上位五位までの企業グループに税務調査に入った。

そして翌々日の二月一五日、衆議院予算委員会は住専処理問題に関連する参考人質疑を行い、末野社長はその一人として意見陳述した。

ブラウン管を通して初めて国民の前に姿をあらわしたナニワの借金王は、「私の事業の失敗のために、国民の皆様、住専の皆様に大変ご迷惑をおかけして、まことにすみません。借金を減らすため身を粉《こ》にして一生懸命努力します。すみませんでした」と謝罪した。

質疑のなかで、木津信組から引き出した「キンキビル管理」「天祥」など関連法人一一社と末野社長の家族三人の計一四名義の預金三八六億円について、「(木津信組には)八〇〇〇室の入居者からの保証金である預かり金が二五〇億円とリース会社に振り出した約六〇〇億円の手形回収資金の一部があった。二五〇億円は子会社への貸金の状態になっていた」と説明。一月の記者会見での「グループ二社が金利が高いのでお金持ちから集めて預金したもの」という個人の資産運用資金だとする弁明とはまったく違っていた。預金引き出しについては、まったく知らず、「キンキビル管理」の田村義信社長に解約後、聞いたと述べた。

暴力団の組事務所入居問題では、「全部解約し、裁判を続行中。七室のうち一室は退室した。事務所ではなくマンションの入居者として入っているため、ヤクザか一般の人かは見分けがつかない。この報告も記者から七つ入っていると聞いたというのが実情」と言い逃れした。

「末野興産」の貸付金（九五年一〇月三一日現在）は全部で約一三〇〇億円あり、うちグループ企業には約八〇〇億円貸し付けていると説明。そのグループ企業数について、「三〇を超えるのではないか」と質問されたのに対して、末野社長は、「それだけの数はない。（家族や末野興産役員、社員が役員になっている会社は）一二社ほど」と答えた。

九五年から九六年にかけて動きが激しくなっている「末野興産」からグループ企業への不動産転売について、「私のグループ会社にはいっさい売却していない」と否定。いくつかのグループ会社名をあげられ、転売の事実をつきつけられ、それを認めながらも「末野興産とは関係ありません」と重ねて否定。強い調子での否定ぶりがかえって、グループ会社を使っての資産隠しの疑いを濃くした。

国会の参考人質疑を終えたこの日の夜、大阪・キタ新地の高級クラブにいつもとかわらぬ末野社長の姿があったという。

そうして一ヵ月後の三月一四日朝、「末野興産」は木津信組事件にからんで冒頭の捜索を受けることになったのである。

## 木津信組が行った末野社長への事実上の「情実融資」

ここで「末野興産」と木津信組との関係にあらためてふれるが、両者が繋がったのは三和銀行など大手都銀が同信組から紹介預金を引き揚げたあとの九一年四月からといわれている。「末野興産」の木津信組への預金は最高時五〇〇億円を超えていたといい、同信組で「末野興産」を担当していたのは、木津信抵当証券の詐欺事件で逮捕された三和銀行出身の木戸八之助元常務だった。「末野興産」と木津信組は、巨額の預金だけではなく、関連会社の所有地を担保にした融資関係もあった。

融資が行われたのは木津信組破綻直前の九五年八月上旬。大阪府吹田市津雲台《つくもだい》三の高級住宅地で、千里南公園すぐそばの約四五六平方メートル。「末野社長が住む」という触れ込みで、同社長の長女が代表取締役をつとめる「南千里開発」（本社・吹田市高野台三末野社長宅）が購入。同時に木津信組が二億円の根抵当権を設定した。この時期、手元資金は六〇〇億円を切り、引き出されれば破綻は必至だった木津信組が、「末野興産」から解約の申し出を受けていた巨額預金を繋ぎ止めるため、末野社長に行った事実上の「情実融資」とみられている。

この土地は、一二月中旬、末野社長の長男が役員をつとめるパチンコ店経営の「日新観光」（大阪市淀川区）に転売されたが、その前日に木津信組の根抵当権は抹消された。新しく信用組合大阪商銀（大阪市北区）が「南千里開発」を債務者にして二億円を限度とする根抵当権を仮登記した。別宅予定地は、駐車場や地下室などコンクリート部分が完成しているが、末野社長が国会に参考人として呼ばれた二月中旬以降、工事はストップ。土台のコンクリートには「資産隠し」と大書したイタズラ書きがされている。

捜査当局が「末野興産」にメスを入れたことで、木津信組から引き出した三八六億円を含めた末野マネーの流れが俄然《がぜん》注目されることになった。

## 「S資金」一〇〇〇億円はどこに消えていったのか!?

業界関係者の間で、頭文字をとって別名「S資金」とも呼ばれていた末野マネーは、これまでにもその動向が大阪の金融業界に少なからぬ影響を与えてきた。たとえば、イトマン事件にからむ乱脈融資で約九六〇億円の不良債権を抱え経営危機に陥っていた旧大阪府民信用組合から九一年（平成三年）二月、預金約五八〇億円を引き出し、今回の木津信組と同様、同信組の経営破綻（信用組合大阪弘容に吸収合併）を決定づけた。今回の三八六億円も「木津信組」の破綻を決定づけたが、住専からの融資約二四〇〇億円を含め、金融機関から六〇〇〇億円以上の借金を抱えながら、その一方でこれだけの預金があったことに世間は驚いた。

手元にその「Ｓ資金」の流れを示す「末野興産」の財務資料がある。それによると、バブル経済最盛期の九〇年（平成二年）一〇月決算時の「末野興産」の定期預金と普通預金の総額は、一八〇九億円。それが、七ヵ月後の九一年五月には、六六八億円と一一四一億円も激減している。この間、住専など金融機関からの借入金は、三五七八億円から三三六〇億円と二一八億円減少したにとどまっており、わずか半年あまりの間に約一〇〇〇億円のカネがどこかへ消えたことになる。

この時期、大蔵省が金融機関の不動産向け融資の総量規制を打ち出し、不動産業界で大型倒産が相次いだ。同じ住専大口融資先の「富士住建」や「朝日住建」の金利支払いがストップしたことを知った末野社長は、九一年秋から「うちだけが払うことはない」と「末野興産」と関連会社の利払いを放棄してしまった。約一〇〇〇億円の預金が消えたのはその金利支払いをストップさせる直前だった。

どこへ行ったのか。手元に「末野興産」子会社五社の直近の決算報告書がある。「大阪開発観光」（現ラット）、「ワールドエステート」「新町興産」「天祥」「四橋ビルディング」で、それぞれ「末野興産」に対して約二〇億六〇〇〇万円、一八三億七〇〇〇万円、一六億八〇〇〇万円、四〇億四〇〇〇万円、二二六億三〇〇〇万円の借入金・未払い金・仮受金が計上されている。五社合計すると四八七億八〇〇〇万円にも達する。つまり、貸付金という形で、「Ｓ資金」は子会社に分散させられていたのである。関係者によると、資産分散は、九一年一月設立された「大阪開発観光」に同年春、貸付金名目で一二五〇億円の定期預金の名義を移したことが始まりだという。末野社長自身、二月の衆議院予算委員会の参考人質疑で、「貸付金は約一三〇〇億円あり、うちグループ会社分は約八〇〇億円」と答えている。

その子会社五社の決算書をより詳しくみると、たとえば、末野社長本人が代表取締役になっている「ワールドエステート」の場合、ビルなどの地代・家賃収入から通常の経費を差し引いても一七億六〇〇〇万円（九四年五月期）の利益があるのに、四八億円の支払利息を計上することで二五億円余の赤字決算になっている。

「ワールドエステート」はこの期、住専の「日本住宅金融」・一七六億円、「住総」・一七八億円、「日本ハウジングローン」・三七億七〇〇〇万円をはじめ一七の金融機関から総額七六二億円の借入金があったが、すくなくとも半分を占める住専分計三九一億七〇〇〇万円の利息は支払っていなかった。払ってもいない金利を計上して赤字を装っていた疑いがあった。五社とも同様の手法で赤字決算にして、法人税を逃れていた。

「ワールドエステート」といえば、「末野興産」が資産を分散させたのと同じ九一年五月期の決算資料によると、同社は住専など二七金融機関に約一〇一四億円の借入金があり、約一一二億円もの支払利息を計上。結局、当期約七六億円の赤字決算となっている。その一方で、親会社の「末野興産」に対して二七〇億円もの貸し付けをしていることになっており、この時期、グループ会社間で複雑なカネの操作をしていることが浮かびあがってくる。

## 住専に返さず蓄財、子会社に貸し付け分散というマジック

一方、末野社長の妻である末野喬代氏が代表取締役である「天祥」の場合、本業の不動産賃貸収入は三億六〇〇〇万円余（九四年七月末）にとどまっているのに、受取利息二〇億円、支払利息二三億円を計上。当時の金利水準からすれば、預金、借入金とも三〇〇億円以上なければ発生しないのに、決算書にはそれにみあうものはない。考えられるのは、親会社である「末野興産」が数百億円単位のカネを同社を通じて出し入れし、決算期末に他の関係会社に移して決算報告書には出ないように操作したという痕跡《こんせき》である。

住専から借りたカネは返さず、蓄財に回す。取り立てを逃れるため預金を取り崩して「貸付金」として分散し、子会社間を転がす。その子会社は、その利息を支払っていることにして赤字決算にして税金は払わない。末野流錬金術がここにあった。

ところで、さきの木津信組から引き出された三八六億円の末野マネーの行方だが、関係者によるとその大半はまず大阪厚生信用金庫（大阪市中央区）に預けかえられた。その後、信用組合関西興銀に預けかえられ、九六年二月下旬に関西興銀の子会社である外国銀行・新韓銀行大阪支店にグループ会社「天祥」と「キンキビル管理」の二社名義で預けられていたことが国税局の税務調査でわかっている。

さて、「木津信抵当証券」の詐欺事件に関連して九六年四月二日、大阪府警はダミー会社の一つ「大正地所」（大阪市大正区）が入っている「大正メゾン天祥」を再捜索した。「大正地所」は暮れも押し迫った九五年一二月二二日、「末野興産」が所有していた九階建てのマンション「大正メゾン天祥」の管理人室を本社に設立されたグループ企業だった。

登記簿などによると、「大正メゾン天祥」はそれから四日後に、約一一億円で「末野興産」から「大正地所」に転売されており、不可解なダミー会社だった。この捜索で、「末野興産」グループが所有し、その大半が行方がわからずにいた二二台の高級外車のうち、白色とエンジ色のロールスロイス二台が一階ガレージで発見された。

その後も国税局の税務調査や大阪府警の木津信組事件にからむ家宅捜索で「末野興産」に対する当局の捜査は進展し、末野社長の所得隠しとグループ企業の源泉所得税徴収義務違反容疑が浮上した。「大阪土地建物販売」などグループ企業四社が従業員の給与を水増しするなどして捻出した裏金約一億八〇〇〇万円を末野社長が個人的に使い、それにかかる所得税八〇〇〇万円を脱税した疑いがあるうえ、グループ企業従業員から過去二年間、約六億円にのぼる源泉所得税を徴収せず、納付しなかったというものである。

この所得税法違反容疑で九六年四月九日朝、大阪地検特捜部と大阪国税局は合同で約五〇ヵ所を一斉に家宅捜索した。

住専の大口借り手が直接の容疑で強制捜査を受けるのは「末野興産」が初めてだった。以後、次第に明らかになってきた「末野興産」グループによる巨額な資産隠しの実態に本格的にメスが入れられることになった。

## 住専五社も捜索、「日住金」の大甘融資での責任追及細目

「末野興産」に対する強制捜査の翌四月一〇日朝、大阪地検特捜部と大阪国税局は、今度は「末野興産」グループに融資している「日本住宅金融」「住総」「総合住金」「日本ハウジングローン」「地銀生保住宅ローン」の住専五社の大阪支店・支社を捜索。「貸し手」責任追及にも乗り出した。

五社のうち融資残高が八九〇億円（九五年六月現在）と一番多い「日本住宅金融」（日住金）と「末野興産」との取引は、大阪厚生信用金庫の紹介で始まった。貸付金のうち八割の七一一億円が担保不動産を処分しても回収できない損失見込み額になっている。大蔵省が九六年二月公表した立ち入り調査（九五年八月）結果によると、「単に担保余力のみの審査」で、「収益計画からは全く経済的に合致しないような案件」にも融資。資金繰りが悪化した九一年度、二回にわたって計二三億円の利払いのための追加貸し付けをするなど、まったくの大甘融資だった。

それだけではなく、不良債権減らしのため融資の担保物件を高値で買い取っていた。「日住金」の内部資料などによると、買い取ったのは東京都港区西新橋の八階建てオフィスビル「西新橋天祥ビル」とその敷地（一七一平方メートル）、大阪市西区新町一丁目の駐車場「新町モータープール」（四三〇平方メートル）。このうち約五七億円の融資の担保にしていた「西新橋天祥ビル」は九三年九月、融資の未返済分に

回す代物弁済の形で三六億二五〇〇万円で買収した。しかし、当時未返済分は三九億一四〇〇万円あり、差し引き二億八九〇〇万円回収できなかった。当時のビルと敷地の実勢価格は約二二億円で、この物件買収で約一四億円の含み損を抱えた。約一一〇億円の融資の担保にしていた「新町モータープール」は九四年三月、二九億六六〇〇万円で買収した。融資残高は三四億六〇〇〇万円で、差し引き四億九四〇〇万円回収できなかった。モータープールの実勢価格は約一二億円で、同じように約一八億円の含み損となった。

融資残高五五八億円と二番目に多い「住総」の場合、「末野興産」は、自社開拓した融資先。約八割の四三六億円が損失見込み額になっている。内部資料などによると、大蔵省の住専第一次立ち入り調査直前の九一年七月、「末野興産」への融資のうち約四割の二四〇億円について債務者を子会社の「ワールドエステート」に変更。「末野興産」に対する見かけ上の融資残高を四〇％圧縮していた。それだけではなく、福岡市博多区のＪＲ博多駅前の一等地にある「末野興産」所有地約七四〇平方メートルを、九五年八月、実勢価格が約二〇億円だったにもかかわらず倍の四〇億円近い価格で購入するなど、事実上「末野興産」側を助ける高値買いをしていた。

## 暴力団や風俗営業にも融資していた「住総」、土地担保価値も奪われた「総合住金」

その「住総」は、暴力団山口組系宅見組系樋口組の事務所がある大阪市中央区の「高津メゾンエルム天祥」を担保に九一年七月、二〇億円を融資している。この融資は組事務所が入って四年以上たってからのことだった。さらに九五年八月には、福岡市博多駅前の「末野興産」所有地の土地を担保に九三億円を追加融資した際、「メゾンエルム天祥」に抵当権がつけられ、現在もそのままになっている。

また、「住総」は、大阪の独立系暴力団としては最大の「酒梅組」の谷口正雄組長（九五年一〇月死亡）が資金獲得のために設立した土木建設会社「大新土木建設」（大阪市中央区）所有の同区東心斎橋二丁目の土地を担保に八九年（平成元年）五月、一二億円を融資している。「部落解放同盟大阪府連」直結の「大阪府同和建設協会」加盟大手業者でもある「大新土木建設」所有のこの土地は、「末野興産」が経営する「八幡筋モータープール」と一体になっており、駐車場として使われている。現場に隣接して弾除《たまよ》けの鉄板で囲まれ、監視カメラや投光機がつけられた「酒梅組」本部事務所があり、「末野興産」の駐車場は同組事務所を抱え込むような位置にある。

内規では風俗営業には融資しないと定めているのに、九〇年八月、子会社「ワールドエステート」が大阪市北区のラブホテルを購入した際、同土地と建物を担保に五三億円を融資。ホテルの経営は、現在、関連会社の「ナイン企画」がやっているが、融資金のほぼ全額が焦げついたままになっている。

設立母体の一つである第二地銀の幸福銀行の紹介で取引を始めた「総合住金」は、「末野興産」に一九二億円、同グループの「新町興産」に二一三億円の計四〇五億円と、住専として三番目の融資残高があり、同グループが最大の貸付先。ここでも七割の一九六億円が損失見込みになっている。このうち「新町興産」への融資の担保にしていた大阪市淀川《よどがわ》区西中島《にしなかじま》三丁目の約一二〇〇平方メートルの土地とマンション一棟、商業ビル六棟は九五年春、取り壊され、跡地に三階建てのパチンコ店が建てられた。「総合住金」は、取り壊された商業ビルなどに代わる担保の提供は受けていなかった。新しく建てられたパチンコ店の所有者は別のグループ企業である「日新観光」がなり、同社は土地に「賃借権」を仮登記。「賃借権」がついているところから競売も難しく、「総合住金」は土地の担保価値も奪われた格好だ。

## あの手この手で不良債権隠しの「日本ハウジングローン」、「地銀生保住宅ローン」

リース会社「大和工商リース」の紹介で取引を始めた「日本ハウジングローン」の「末野興産」への融資残高は三五五億円で四番目。八割の二九七億円が損失見込みになっている。別に、子会社「日本エステート」からの融資が最大時約四五〇億円あったが、大半はハウジング社から譲渡の形で押しつけられた不良債権で、さきの「住総」と同様、「末野興産」への見かけ上の融資残高を圧縮するための操作である。このほか内部資料などによると、ハウジング社は大阪市北区の同じビルにペーパー会社「大川地所」と「ジェイ・エス・エー」の二社を設立し、「末野興産」から担保提供されていた大阪市内の不動産三件を、高値で買い取らせるなど不良債権隠しをしていた。

不動産三件のうち、「ジェイ・エス・エー」が九五年九月、「末野興産」から買い取った大阪市西区立売堀《いたちぼり》一丁目の約一六〇平方メートルの土地と一〇階建てのオフィスビルは、日本興業銀行の「末野興産」への融資の担保にもなり、金利を含め約九億円が未返済だった。「末野興産」は「ジェイ・エス・エー」への売却代金をそのまま、興銀に回し、全額返済した。買収資金は、全額ハウジング社が負担しており、同社の母体行である興銀の債権回収のため「末野興産」所有物件を高値買収したようなものだった。

「日本ハウジングローン」は、山口組系石原総業の組事務所が入っていた大阪市淀川区の「新大阪天祥ハイツ」などを担保にして八九年一〇月から、計約二〇〇億円を融資。このうち五六億円はいまも根抵当権が設定されている。

五番目の「地銀生保住宅ローン」の「末野興産」への融資残高は一五九億円で、うち八割の一三三億円が回収不能となっている。九五年一二月、「末野興産」はグループ会社五社の名義で「地銀生保住宅ローン」の筆頭株主である「日本生命」の保険に加入。約二〇億円の保険料を一括して支払っていた。加入した保険は、「一時払い年金」と呼ばれ、中途解約しても銀行などよりも高い利息を受け取れる仕組みで、いわゆる「財テク商品」。受取人には、末野社長の親族や「末野興産」の幹部がなり、三年後に解約した場合でも利息分は総額で一億六〇〇〇万円を超えることになっていた。「日本生命」側は、「末野興産」グループとの保険契約で筆頭株主の「地銀生保住宅ローン」の債権回収よりも、自社の収益を優先させたことなる。

「地銀生保住宅ローン」は、「住総」と同じく大阪市中央区の樋口組が入っている「高津メゾンエルム天祥」を担保にして八八年一一月以降、二六億円余を融資している。

こうして「末野興産」に大甘な融資を繰り返していた住専について末野社長は、「当社は土地を買ってビルを建て、そこに家賃が入るようになったら三〇年とか二五年とかのローンを組む。住専の貸し方と当社の長期ローンで償却するというのがバッチリ合った。だから（借入金は）住専がバッと伸びた」「住専があったことは、末野興産を短期に売ったり、買ったりする転がし屋じゃない長期にモノを持つ企業として、非常に便利のいいシステムとしておつきあいしてきた」（九六年一月二四日記者会見）と、称賛している。

大阪国税局は、住専五社への査察とともに「末野興産」と取引があった都市銀行など金融機関の査察も並行して行った。査察を受けたのは、第一勧業銀行、大和銀行、住友銀行、日本興業銀行、日本債券信用銀行、三和銀行、富士銀行、さくら銀行など十数行の大阪支店や商工組合中央金庫支店、「末野興産」が最大の融資先だった大阪信組の本・支店、木津信組から引き出された三八六億円の大半が預けられていた関西興銀の子会社・新韓銀行大阪支店などである。

内部資料などによると「末野興産」の定期預金は九〇年一〇月時点で、約二〇の金融機関に対して約一二七七億円あったが、九五年九月時点ではほとんどが引き出された。この間の借入金の返済を差し引きすると、約一〇〇〇億円がどこかへ消えていた。その大半は、貸付金という形でグループ会社に移され、各社が金融機関に預金することで、資産隠し、分散が行われているとみられていた。住専融資の流れ解明のためには、資産隠しの場所になった金融機関の査察は不可欠だった。

## 急転直下、海外逃亡の恐れから異例の逮捕劇現出

九六年四月九日から一斉に始まった「末野興産」グループと末野謙一社長の所得税法違反容疑事件にかかわる大阪地検特捜部と大阪国税局との合同捜査は、一二日ほぼ終了した。捜索先は四日間で延べ百数十ヵ所にのぼり、多数の帳簿類、融資の審査書類などの資料を押収。今後、これらの押収資料の分析作業をすすめる一方、末野社長から任意の事情聴取を行い、「末野興産」グループの資産隠しを解明することになっていた。捜査が本丸に達するまでにはまだ相当の時間がかかるとみられていた。

ところが、事態は急転直下した。五日後の一七日夕、大阪市西区新町《しんまち》の「末野興産」本社ビルにいた末野社長は、大阪府警捜査二課の捜査員に任意同行を求められた。午後六時半過ぎ、同本社の地下駐車場から出てきた捜査員の乗用車の後部座席に、末野社長の姿があった。乗用車は、そのまま大阪府吹田市金田《かねでん》町《ちょう》の吹田区検に向かった。

末野社長が捜査員に任意同行される場面は、この日夜のＮＨＫニュース７でスクープとして放映された。ちょうどクリントン米大統領の来日で番組が大幅延長され、「末野社長事情聴取」が流れたのは午後八時過ぎのことだった。捜査員の車の中からＮＨＫのテレビカメラに向かって笑顔を見せる末野社長に、在阪の大方のマスコミは唖然《あぜん》とした。まったく予期しなかった捜査の急展開だったからである。ＮＨＫの報道を機に、在阪のマスコミは大あわてで、吹田区検に走った。

大阪地検特捜部の事情聴取は翌一八日の未明まで続き、午前二時三八分、公正証書原本不実記載、同行使の疑いで逮捕状が執行された。末野社長の親族を代表取締役とする二社を設立する際に必要な資本金を、いったん払い込んだ直後に引き出す、いわゆる「見せ金」といわれる手口で虚偽の法人登記をした容疑だった。

株式払込金を仮装していたのは、末野社長の長男が社長をつとめる「リョウコーポレーション」（大阪府豊中市）と、長女が社長で、本社を末野社長宅に置く「南千里開発」（大阪府吹田市）。調べによると、「リョウ」社は、九四年一一月、長男が資本金九〇〇〇万円の株式引受人になって設立された。しかし、実際はグループ会社の「センチュリーコーポレーション」が受けた福寿信用組合（大阪市）からの融資金で用立てした。

それを大阪厚生信用金庫本店に資本金として払い込み、同信用金庫が発行した株式払込金保管証明書を使って、「リョウ」社の設立登記をした直後、全額を引き出していた。「南千里開発」は、「リョウ」社が資本金三〇〇〇万円の株式引受人になって九五年三月、設立された。しかし、実際はグループ企業の「天祥」が立て替えたもので、「リョウ」社と同じように、大阪厚生信用金庫本店に払い込み、同様の手口で虚偽の登記をしたというものだった。

それにしても、突然の逮捕劇だった。理由があった。逮捕二日前の一五日、末野社長が大阪府庁のパスポートセンターを直接訪れ、更新したばかりの旅券を受け取っていたことを大阪府警が一六日、キャッチした。「海外逃亡」の恐れがあった。強制捜査に着手したのち、本人からの事情聴取を始めようとした矢先のことで、いま国外に脱出されると捜査が困難になることは必至だった。実は、九一年夏、末野社長が福岡県警に建築基準法違反容疑で摘発された際、同社長は海外に出ており、逮捕までに時間がかかったという。パスポートの更新情報を察知した捜査当局者の頭に五年前の福岡の件がよぎり、急遽逮捕《きゅうきょ》になったという。

## 資産隠しのペーパーカンパニー、「見せ金」による会社登記で起訴

「見せ金」による会社登記で、末野社長の右腕といわれてきた側近の足立武副社長、グループ企業「コメ

ダコーポレーション」の米田栄治社長、「末野興産」の重留秀昭取締役の三人も、共謀して虚偽の法人登記をしたとして次々逮捕された。結局、虚偽登記は一八社にのぼり、末野社長ら四人の公正証書原本不実記載、同行使容疑による逮捕・起訴は六月下旬までに四度繰り返された。「見せ金」の払込先は、「末野興産」グループの隠し預金の受け皿にもなっていた木津信組、大阪厚生信用金庫、信用組合関西興銀など五ヵ所に集中していた。

「見せ金」で設立されたグループ企業は、役員が重複し、事業目的も同じ。うち四社の所在地は駐車場のプレハブだったり、役員が同じなのに同じ日のほぼ同じ時刻に異なった場所で会社設立の取締役会を開いたことにするなど、でたらめだった。愛人だった大阪・キタ新地のクラブのママやファッションモデルの氏名を冠した会社や九六年二月には元自民党府会議員の名義を使ってペーパーカンパニー二社を設立したりもしていた。

元府会議員とは、竹岡和彦氏のことで、二社とは「竹岡興産」（大阪市）と「タケオカコーポレーション」（同）。竹岡氏は森下泰《もりしたたい》・自民党参議院議員の秘書を経て八六年、大阪市北区から府議に当選。その後、参議院選に立候補（落選）したこともあった。

これらのダミー会社の会社登記は、「末野興産」設立時からの監査役で、虚偽登記でつくったグループ会社の監査役も兼任していた司法書士・李馨氏の事務所が手がけていた。このため、法務省が司法書士法に定めた「司法書士の品位の保持」の観点から、大阪司法書士会を通じて調査に乗り出すということも起こった。

一方、ペーパーカンパニーを次々つくったのは、借入先からの差し押さえを逃れる資産隠しのためではないかという疑いが浮上。九五年一二月の住専処理策の閣議決定で、保有資産が差し押さえや競売の対象になることを逃れる目的で、「末野興産」本体からダミー会社へ転売＝「仮装譲渡」したとして九六年五月九日、大阪地検特捜部は末野社長と足立副社長、米田・「コメダ」社社長の三人を刑法の強制執行妨害容疑で再逮捕した。

調べによると、末野社長らは九六年一月二三日、大阪市中央区東心斎橋の駐車場「八幡筋モータープール」を「見せ金」で登記したダミー会社「南地所」に転売したように装って登記。その際、「コメダ」社の米田社長が代表取締役のグループ会社「ドリーム」が買収資金を融資した形で、極度額四五億円の根抵当権設定を仮登記していた。また、同月三〇日には、大阪市西区北堀江一丁目の「四ツ橋天祥ビル二号館」の土地と建物もダミー会社「大正地所」に転売したように装って、やはり「ドリーム」が極度額二四億三〇〇〇万円の根抵当権設定の仮登記をしていた。

## 住専問題表面化後の不動産「仮装譲渡」での資産隠しで再逮捕

不動産の「仮装譲渡」による資産隠しについて、大阪地検特捜部は引き続き捜査をすすめ、大阪市北区兎我野町《とがのちょう》の駐車場「太融寺《たいゆうじ》天祥モータープール」や大阪市北区野崎町の「梅田天祥ビル一号館」、大阪市大正区三軒屋《さんげんや》の「大正メゾン天祥」、大阪市西区新町《しんまち》の「四ツ橋天祥ビル七号館」、同西区北堀江の「四ツ橋天祥ビル一号館」の五軒を九五年一二月から九六年一月までに計六四億円で、ダミー会社四社に転売したとして、強制執行妨害容疑で再度摘発。末野社長らを五月三〇日再逮捕した。さらに、大阪市内の賃貸ビルなど二物件をダミー会社の「南地所」に「仮装譲渡」したとして六月二二日、末野社長らを強制執行妨害容疑で再逮捕した。

大阪地検特捜部の調べなどによると、六〇以上の金融機関から五〇〇〇億円を超える借入金があった「末野興産」は、利息の支払いが滞り始めた九一年から九五年一〇月までの五年間に、所有不動産やビルの家賃収入、預金の差し押さえや競売開始決定など強制執行は四四件にものぼっていた。このうち九五年は一三件もあり、急速に増えたことに危機感を募らせた「末野興産」側が、住専問題が表面化した九五年秋以降、ダミー会社への不動産転売を本格化させたとみられていた。

「末野興産」の資産隠しに対する捜査は、今度は不動産から預金隠しに移った。同グループの巨額預金のうち「キンキビル管理」などの名義で信用組合などに預金していた約五〇億円を九六年一月一〇日、解約。同一二日までに休眠中の関連会社「エヌシー機械販売」（大阪府豊中市）名義で新規開設した都銀など一一の金融機関の計一二口座に分散化して、預金していた疑いが浮上。六月二二日、末野社長ら四人を財産隠匿の強制執行妨害容疑で逮捕した。「エヌシー機械販売」は、末野社長の長男宅を本社にして八三年（昭和五八年）五月に設立したペーパーカンパニー。九六年（平成八年）一月一六日、同社の監査役だった「末野興産」の足立副社長が、七年前にさかのぼって退任していたと役員登記を「修正」するなど、グループと無関係であることを装うための隠蔽《いんぺい》工作もやっていた。

さきにも書いた通り、「末野興産」が巨額の預金を分散し始めたのは、住専への返済が滞り始める半年前の九一年（平成三年）一月。預金のうち約一三〇〇億円が新しく設立されたダミー会社「大阪開発観光」（現ラット）に貸し付けられた。その大半がその後、グループ企業の「キンキビル管理」と「天祥」の二社に移し替えられた。

その約一三〇〇億円のうち約二〇〇億円が、不動産の買収や「仮装譲渡」に使われたとみられている。残る一一〇〇億円のうち約二四〇億円が東京銀行（現三菱ＵＦＪ銀行）の「ワリトー」、日本興業銀行の「ワリコー」、商工組合中央金庫の「ワリショー」など四金融機関発行の無記名の割引債の購入に充てられていた。この割引債は、満期が来ても換金せず、本社内の倉庫に保管されていた。

さらに残りの約八六〇億円が約二〇社にのぼるダミー会社名義で「隠し預金」になっていた。約八六〇億円のうち最大のものが「木津信用組合」に、「キンキビル管理」「天祥」名義で預けられていた三八六億円。同信組破綻直前に引き出され、他の信組に移し替えられたあと、九六年二月下旬、国税当局の税務調査で信用組合関西興銀の子会社・新韓銀行大阪支店にうち三三八億円が預けられていたことがわかっている。

また、一時期、相互信用金庫（大阪市）にダミー会社「ドリーム」名義で一五〇億円が預金されていたことがある。大阪市内の相互信用金庫支店の一室には、大阪国税局の査察も受けた「末野興産」の監査役でもある李馨司法書士事務所が置かれていた。さらに、複数の金融機関が振り出した約一〇〇億円の預金小切手をそのまま保管したり、九五年一二月にはダミー会社五社名義で「日本生命」の「一時払い年金」に加入し、約二〇〇億円を支払っていた。

残る二五二億円も「見せ金」を使って設立したダミー会社に資金を貸し付ける形で預金を分散。そのダミー会社名義で預金されていた一つが、財産隠匿の強制執行妨害容疑で摘発された「エヌシー機械販売」の隠し預金約五〇億円である。こうして、預金隠しを繰り返した結果、「末野興産」本体の預金は九五年秋、約八億円にまで減っていた。

## 「借りたら返すな」──数々の脱法行為を生んだ末野金銭哲学

住専など金融機関からの巨額の借金を返さず、蓄財に回すいうなれば「借りたら返すな」の金銭哲学は、通常の企業経営では考えられない数々の脱法行為を生んできた。

その一つが、「末野興産」と同社グループ会社の社員の給与にかかる所得税を源泉徴収してこなかった、所得税法の源泉徴収義務違反である。九六年四月九日の大阪地検特捜部と大阪国税局の強制捜査の容疑は、九五年までの約二年間に約六億円の徴収漏れがあったということだった。

これまでに判明している「末野興産」のグループ企業は三七社。大阪労働基準局と大阪府などが四月一七日実施したグループ企業のうち二五社への立ち入り検査によると、大半が実態のないペーパーカンパニーだった。同社グループで社員がいたのは「大阪土地建物販売」「コメダコーポレーション」「グレース」「ユーイング」など六社だけで約一五〇人。そのうち八割を超す社員がけがなどの損失を補償する労災保険や失業時に手当を支給する雇用保険に加入していなかった。労働基準法で定められた就業規則や労働者名簿、賃金台帳がなかったグループ会社もあった。もともと本体の「末野興産」そのものが、従業員のいない、役員だけの特異な会社だった。

社会保険庁と大阪府などが四月二二日行った立ち入り検査では、約一三〇人が健康保険や厚生年金に未加入だった。病気になれば即困るため、自営業者を装って国民健康保険に加入していた社員もいた。「末野興産」グループ社員の給与袋には、明細書がなかった。現金ですべて一万円札で支払い、端数はなかった。入社一年で四〇万円になった社員もいるほど業界でも有名な高給だった。ときには芸能人もともなう、年二回の東南アジアやハワイへの豪華社員旅行もあった。こうした高給の背景に源泉徴収や市民税の天引きをせず、健康保険や失業保険にも加入していなかったことがあったのである。その一方で、朝礼に遅刻すれば末野社長の「ツルの一声」で罰金五〇〇〇円を科せられたり、吹田市にある末野社長の邸宅の掃除に駆り出されることも。逆に仕事ぶりが気に入られると給与が引き上げられたりした。

「末野興産」グループの雇用実態や給与形態を解明するため、大阪府警と大阪労働基準局、大阪国税局は合同で五月一三日から、約一五〇人のグループ企業社員から事情聴取を始めた。

最盛時、一八〇棟あったグループ企業の所有ビルの多くが違法建築だった。「末野興産」の脱法問題を早くから取り上げてきた共産党大阪市会議員団の調査によると、大阪市内の同社関係の建物一四三棟のうち四分の一近くの三一棟が、建築確認申請と違って一～三階増築されていたり、容積率も大幅に上回る違法建築だった。

たとえば、大阪市中央区の「島之内ラフォーレ天祥」の場合、建築確認申請では地上一二階、地下一階、延べ床面積三四三〇・九九平方メートルだった。ところが、建物の登記簿によると地上一三階で申請より一階多く、延べ床面積も五三〇〇・八三平方メートルと一八六九・八四平方メートルも多かった。容積率も六九一％となり、法定基準の三六〇％の二倍近い違法建築物になっていた。同ビルには暴力団山口組系山健組新井総業と山口組系健心会武侠会の組事務所が入居していた。

## 税金も「滞納王」、なぜ無法が続いたかを探る

不動産王であり、借金王でもあった「末野興産」は、税金の滞納王でもあった。やはり共産党大阪市会議員団の調査と追及によると、九五年度末までに所有する土地や建物の固定資産税一一億四〇〇〇万円を滞納し、九一年以降だけでも延滞金が八〇〇〇万円あり大阪市は徴収していなかった。「末野興産」は水道料金一億八〇〇〇万円も滞納していた。ダミー会社「南地所」（大阪市中央区）は、九五年一一月二二日、「末野興産」から大阪市中央区宗右衛門町《そうえもんちょう》の「三ツ寺天祥ビル二号館」を買収、同ビルの敷地をグループ企業の「ワールドエステート」から購入するなど仕事をしていたが、大阪市に「開設準備中」などとして所得をゼロ申告。市は法人市民税の課税対象外としていたことも明らかになっている。

こうした「税金を徴収する区役所が困り果て、担当部局の市財政局もそのことを知っていた」（大阪市関係者）のに、無法行為が長年にわたって放置されていた背景は何だったのか。

その謎を解くカギは、共産党が九六年三月の大阪市議会で取り上げた大阪ガスの「末野興産」料金滞納問題についてのレポートにある。このレポートには、八三年当時、すでに電気、ガス、水道料金を滞納しがちだった「末野興産」に対して、関西電力、大阪ガス、大阪市の三者が給水停止処置を含めた厳しい対処を検討していたことが書かれてあった。その一方で、「末野興産」側からの圧力について詳細に記録し

てあった。

その一つ、八三年三月三〇日の「末野興産」（末野社長、足立副社長ら三人）と三者（関電、大阪ガス、大阪市）との五回目の面談記録によると、「灰皿を投げた」とか、「停止するなら停止せよ、停止されれば、入居者は納得しない。……この人たちが各社に陳情に行くだろう。陳情に行くには、先生や同和の人をつれていくぞ。これに対応するには大変だ、先生に対して、それ相応の人が対応するだろう。結局は開栓せざるを得ない」「俺も上田《うえだ》先生や同和関係を先頭（煽動《せんどう》？）して各社に乗り込む。場合によっては動員（同和）して、玄関先でアジを行う」「一〇〇〇人程度すぐ動員出来る」などとある。

ここに出てくる「上田先生」とは、旧社会党の故上田卓三《たくみ》・衆議院議員（部落解放同盟委員長）のことで、「末野興産」が、暴力を背景に大阪市などに対して絶対的な力を持っていた「解放同盟」の「権力」を背景にしていたことをうかがわせるものだ。このとき、「末野興産」は、関電、大阪ガス、大阪市の三者から計二〇〇〇万円の支払い請求を受けていた。

結局、当初予定していた供給停止は行われず、八三年当時六〇〇万円だった大阪市水道料金の滞納額は、九三年には九〇〇〇万円、九六年は一億八〇〇〇万円と一三年間に三〇倍にも膨れあがっていた。

大阪ガスのレポートには、設立されて四年目の「末野興産」について、「末野興産に社員はなし、下部組織の社員兼務？」とも書かれてあり、今日、行政機構が「脱法」行為としてあげて立ち入り検査に入ったことがすでにこの時点で始まっていたことも示している。

上田卓三書記長

## ヤクザと「同和」に弱い大阪国税局のウィークポイント

「末野興産」と解放同盟との繋がりは実はもっと早かった。末野社長自身が語ったところによれば、「末野興産」を設立する前、トラックを持ち込んで

「田中土建」（大阪市住吉区）の下請けとして仕事をしていたという。この「田中土建」とは、部落解放同盟大阪府連が資金獲得のため設立した「大阪府同和建設協会」（同建協）の大手で、社長がのちに同会長職もつとめるなど業界の実力者だった。

「解放同盟」との太いパイプとともに、無法者「末野興産」をつくりだした背景について、「恥ずかしいですよ。何をいまさら脱税で査察かと言いたい。みんなわかっていたはず」という大阪国税局の関係者は、「相手がヤクザだということがわかっているのに、わざわざ命を捨ててまで税金の取り立てに行くものはいない」と言い、「大阪国税局ＯＢが末野興産の顧問税理士としてニラミを利かしていた」ことが、「脱税」を助長させた原因という。

国税関係者が指摘するＯＢの顧問税理士とは、元大阪国税局査察部次長で、八一年（昭和五六年）七月、大阪南税務署署長を最後に退職し税理士登録した仲谷幸三氏。八二年ごろから「末野興産」の顧問税理士をつとめ、税務署に提出するグループ企業の申告書の顧問税理士欄には同氏のはんこが押されている。九六年四月九日の大阪国税局の強制捜査で、大阪市中央区にある仲谷顧問税理士の事務所も、家宅捜索を受けた。

これまでの関西の地下金脈事件には必ずついてまわった「解放同盟」「暴力団」、そして「国税ＯＢ」という三要素が、今回の「末野興産」事件の背後にもあった。だからこそ、長期間にわたって「聖域」化され、今日まで摘発されなかったのである。

一連の事件で逮捕された末野社長は一九九六年（平成八年）九月、保釈金一五億円を支払って保釈され、その金額が話題になった。そんななか、末野興産は同年一一月一八日、一兆円を超える負債を抱えて破産したが、破産時の末野興産グループは大阪、兵庫、東京、福岡にビル・マンション約一一〇棟を所有、約五〇〇〇のテナントが入居していた。他に土地約一二〇ヵ所を所有し、関連会社は三九社に及んだ。末野興産とワールドエステートの連結資産は約一一一七億円で、この二つの更生会社への届け出更生債権額は約一兆六五六億円にのぼった。両社は、合体後の新商号を「マッセ」（MASSE）とした。

破産手続きが中止となり、会社更生法手続きに切り換えられたのは、整理回収機構（中坊公平社長＝故人）が末野興産が焦げつかせた巨額の債権を回収するため、所有不動産の売却をスムーズに進めるためだった。破産管財人のもと、「末野興産」も社名を前記の「マッセ」に変えた。関西弁の「がんばりまっせ」から取ったもので、「マッセ」ビルの出現もまた、巷《ちまた》で話題になった。

末野興産グループ企業による巨額資産隠し事件で、強制執行妨害・所得税法違反など七つの罪に問われた末野元社長と同社元幹部三人と系列会社一社に対する判決公判が、一九九九年一〇月二七日に大阪地裁で開かれ、末野元社長に懲役四年・罰金三五〇〇万円の実刑判決、元幹部三人には執行猶予付きの有罪判決が言い渡された。末野元社長は判決を不服として大阪高裁に控訴したが、二ヵ月後に取り下げ、実刑判決が確定。九九年末、兵庫県加古川市にある加古川刑務所に入った。

出所してから一六年。七五歳になる今も「大阪ミナミの韓国クラブIに通っており、相変わらず元気ですわ。ただ表に顔を出すことは一切しない。息子や娘に起業させ、側近も使い、貸しビルも五〇棟以上持っているほか、ラブホテルも経営してますわ。会社の謄本には、本人の名前はなく、名刺も持たず、本人は取引先で名乗るのみという徹底ぶりや。しかし、ビルの売買も彼自身が決めていると言われていますよ」（大阪の不動産業者）。

その末野元社長は、ノンフィクション作家・清武英利が二〇一八年（平成三〇年）に手がけた『週刊現代』の連載記事『トッカイ　不良債権回収部　バブルの怪人を追いつめた男たち』（一九年一〇月、単行本として講談社から出版）の「特別編」として、同年秋に突然、インタビューに登場しこれまた関係者を驚かせた。

それにしても、あの〝債権〟はどうなっているのか。前記の単行本によると、「末野に隠し金あり」と見る整理回収機構は、二〇一五年一二月、改めて時効（債権の消滅時効は一〇年）停止の訴訟を起こし、末野元社長に利息を含めて七六六八億七四九〇万円余の返済を求めた。末野元社長は敗訴したため、返済額は、年間一四パーセントの遅延損害金が上乗せされ、毎年約二〇〇億円ずつ増え続けている。八年後には返済額は一兆円を超すだろうと、指摘している。

バブル経済から三〇年近くたつ今もなお〝ナニワの借金王〟は健在なのだ。

# 第６章　闇の帝王・許永中、謎の逃亡劇

## 保釈後の失踪、逃亡中とは思えぬ大胆な振る舞い

「暴力団抗争に巻き込まれ、命を奪われる危険があった」

二〇〇〇年（平成一二年）九月二六日、大阪地裁一〇〇一号法廷。傍聴席との間を透明な防弾ガラスで遮った被告人席で、許永中《きょえいちゅう》元被告（五三歳・当時、後述するように現在は刑期を終え釈放されている）は、保釈中に逃亡した理由を、初めてこう供述した。

大阪の中堅商社・旧「イトマン」（一九九三年四月に住金物産に吸収合併）を舞台にした戦後最大級の経済事件、いわゆる九一年夏の「イトマン事件」で特別背任罪などに問われた許が、保釈保証金六億円を支払って保釈されたのは九三年（平成五年）一二月だった。

許は公判中の九七年（平成九年）九月二七日、「（内）妻の実家の法要」を理由に大阪地裁の許可を得て、一〇月一日までの予定で韓国に渡る。そして、帰国直前に突然、ソウル市内の病院に入院し、許の弁護団が「狭心症・不整脈」との医者の診断書を添え、公判の延期と旅行期間延長の申し入れを大阪地裁に行った直後の一〇月六日、入院先の病院から忽然《こつぜん》と姿を消してしまったのだ。

「闇社会の帝王」とも呼ばれてきた許の突然の失踪は、各方面に波紋を投げかけた。以来、「韓国に潜伏

許永中

し、北朝鮮とも行き来しているようだ」「密かに帰国し、京都にいるようだ」といった噂が飛び交うとともに、直前の九七年八月に発生した山口組ナンバー2の宅見勝・宅見組組長射殺事件や、九六年八月にJR大阪駅前ビル街で起きた闇金融業者の高佑炳・元山口組系暴力団組長射殺事件に関係しているとして、「すでに消されてしまったのではないか」という説も流れた。

一方では、姿を消して一年が経過した九八年暮れごろから、東京都内のレストランなどで目撃されたという情報が盛んに流れ始め、国内潜伏説がいっそう強まった。そして、一年近くたった九九年（平成一一年）の一一月五日深夜、警視庁捜査共助課の捜査員に、東京都港区の高級ホテルで女性といるところを発見され、収監された。

「一〇月末、都内のホテルに宿泊しているとのタレ込みがあった。漠然とした情報だったが、目ぼしい高級ホテルを当たっているうち、発見した」（捜査関係者）という。

ホテルでは、犯人蔵匿容疑で許とともに逮捕された愛人の金美佐子（三八歳・当時）と二人で、プールで遊んだり、金の運転する車で行きつけのレストランに出かけるなど、およそ、逃亡中とは思えぬ大胆な行動を取っていた。

金は、許の失踪直後、京都市内のマンションに許とともに潜伏していた女性で、去る八四年、親族が経営し、姉がママを務めていた銀座の高級クラブでアルバイトをしていた時、常連客だった許と知り合い、交際を始めたという。逮捕当時、金は許のグループ企業として知られている都内のレストラン「葡萄亭ワインセラー」の支配人の肩書を持っていた。

「許は、金美佐子を含む三姉妹の面倒を見ていた」（関係者）と言われ、逃走資金とともに、そのカネの出所が注目された。

警視庁は、収監とともに押収したクレジットカードなどから、許の逃亡を手助けした人物をいもづる式に割り出し、一五年間も愛人関係にあったと言われている金以外にも一一人を、犯人蔵匿容疑で次々と逮捕・起訴した（うち一人は、略式起訴）。

### 支援者の供述内容に見る許永中の逃亡時行動

それは次のような面々で（略式起訴を除く）、その供述内容の要約とともに書き記しておく（年齢当時）。

●佐藤正志（六一歳）

許のグループ企業のひとつ、経営コンサルタント会社「富国産業」の元運転手。許に健康保険証を渡し、許はその保険証で都内と周辺の複数の病院で腰痛の治療を受けていた。さらに佐藤は、医師の処方箋がないと購入できない向精神薬（ハルシオン）錠剤十数錠を許に譲り渡すなど、麻薬及び向精神薬取締法違反容疑でも逮捕された。許は収監された際、ハルシオンを所持していた。

●林田圭一（五二歳）

北海道小樽市の不動産会社「グローバルシステム」社長。許とは、九七年夏、後述する大和田義益弁護士の紹介で知り合う。許が公判中に失踪したことは報道で知っていた。九九年六月、逃走中の許から連絡を受け、東京都内のホテルで会い、林田本人名義のクレジットカードを渡している。さらに、八月には、金美佐子に妻名義のクレジットカードを渡した。許と金美佐子は、このクレジットカードを使い、「林田」夫妻を装って都内のホテルに宿泊していた。林田は、「仕事上のつき合いでやむを得ず（カードを）貸した。逃げるのに使われることは知っていた」と供述。

●福川拓一（五四歳）

大阪の不動産コンサルタント会社「拓祥」社長。福川は、許を「会長」と呼ぶなど、イトマン事件が摘発される以前の八一年（昭和五六年）ごろからの知人。クレジットカードを渡し、許は「福川拓一」名義で金と一緒に、都内のホテルに宿泊。そのうえ、ホテルの宿泊代金を福川名義の銀行口座から引き落とし、支払っていた。

福川は、不動産業「丸栄興産」グループの統括者としても知られ、その傘下にある先の拓祥のほか、「丸栄商事」「三優実業」「三優興産」「拓翔土地開発」などの不動産会社を経営していた。九七年五月、旧住専大口融資先である「江木商会」社長から一〇〇〇万円を脅し取ったとして、山口組直系大原組組長（大阪市生野区）とともに逮捕されている。大阪市中央区にある丸栄興産グループのビルには、大原組の出先事務所やイトマン事件の中心人物の一人、伊藤寿永光の会社「協和総合開発研究所」が入っていた。

福川は、神戸のホテルで射殺された山口組ナンバー2の宅見勝・宅見組組長と関係が深かった大阪・ミナミの高級クラブを根城に、暴力団関係者と交遊。自ら「宅見組の企業舎弟」と公言していた。九六年夏、保釈中の身だった許を暴力団関係者から紹介された。リゾート開発会社の経営が行き詰まっていたため、許に三億円を渡す一方で、許から譲り受けた株を担保に金融業者から十数億円の融資を受け、資金繰りに充てるなどしていた。差額は許に対する借金として残った。

九九年四月下旬、許から電話を受け、都内のホテルで弁護士を交えて近況や企業合併について話をしたという。さらに、六月上旬、再び都内のホテルで会った許から、「前に貸した金をいくらかでも返して欲しい。私もいろいろ事情があって金がいるんだ」と言われ、「私に協力できることがあったら、なんでも協力しますよ」と答えた。これに対して許は、福川名義のクレジットカードを求め、福川は先の借金が残っていたことから、それに応じたという。

●許宗大（二五歳）

許の長男で、関連会社・富国産業社員。同社の運転手だった佐藤正志に対して「保険証がないと（父親が）病院から怪しまれる」として、国民健康保険証を許永中に渡すよう頼んだ。

●西垣征八郎（六二歳）

東京の化学プラント建設コンサルタント業「エービック」社長。保釈中の九六年夏ごろ、許の仕事仲間を通じて知り合い、許の海外資産の現況把握などに従事。エービックは、許が出資して設立された会社である。許が九九年六月二一日から、収監される同年一一月五日までの間、横浜市中区のマンションに「福川拓一」名義で隠れ住んでいた際、許が経営に関わり、西垣が顧問をしていた京都市の立体駐車機械製造会社「内外テクニカ」を賃借人とし、同社代表取締役を連帯保証人にして同マンションの賃貸契約を結んでいた。

同マンションは、許が一週間のうち数回は訪れ、金美佐子も一緒に住むなど、少なくとも収監されるまでの半年近くは、生活の拠点になっていたところである。

●大和田義益（六五歳）

元札幌弁護士会所属弁護士。九九年五月ごろ、自分名義のクレジットカード二枚を許に渡した。許は、このクレジットカードを使って大和田名義で同年五月一九日から二〇日までの間、大阪市内のホテルに宿泊。さらに、二二日から三一日まで、東京都内のホテルに金と一緒に大和田名義で泊まった。

大和田元弁護士は慶應大学卒業後、札幌市内でビル経営などを手がけ、七二年（昭和四七年）弁護士登録。国税庁が発表する「高額納税者」に八八年分から六年続けて名前を連ねるなど、「一〇〇億円を持つ男」とも呼ばれた。

九三年春、顧客の依頼で、絵画の購入先を探していたところ、大和田事務所に出入りしていた林田圭一の知人を介して、許を紹介される。以来、許から会社整理を依頼されて報酬を受け取ったり、不動産事業を通じて仲を深めた。「逃亡中の許に会った」と言われている。実兄が代表取締役の札幌市のゴルフ場経営会社「道央産業」（九九年三月、巨額の負債を抱えて倒産）の実質的なオーナーでもあった。犯人蔵匿罪で逮捕された前述の林田圭一は、この道央産業の取締役の一人でもあった。

●兼松浩一（三九歳）

大阪弁護士会所属弁護士。同弁護士は二〇〇〇年一一月、収監された許に接見した際、先に逮捕された、前述の不動産会社社長・福川拓一をかばうよう依頼され、福川に「クレジットカードは、許永中にではなく（長男の）許宗大に渡したものだ。許永中が逃亡し、家族の生活が苦しいと聞いていたので、息子である許宗大を助けてあげたいと思って渡した。宗大が使うと思っていた」と、取り調べの検察官にウソの供述をするよう指示したとして、犯人隠避容疑で逮捕された。

同弁護士は、許が大阪オリンピック誘致のために設立した社交クラブ「大阪アメリカンクラブ」の監査役に就任するなど、許とは親しい関係にあった。東京の石油卸商社「石橋産業」をめぐる手形詐欺事件に関連して、二〇〇〇年二月、東京地検特捜部の事情聴取を受けた、許の側近にして元住友信託銀行役員の井手野下守とは、井手野下が自殺する数日前に会っていた。

●広瀬公子（三五歳）

許の秘書で、石橋産業傘下の企業「エイチ・アール・ロイヤル」も入っていた元赤坂ビルの許事務所にいた。許が石橋産業グループに送り込んだと言われる女性で、同被告が東京都中央区のマンションを借りて、「西垣征八郎」の名義で隠れ住むにあたり、西垣が社長をしている東京都内のコンサルタント会社・エービックを賃借人、同社代表取締役を連帯保証人とした書類一式を準備し、賃貸契約を締結。九八年一一月一日から翌九九年六月四日まで、許を同マンションに居住させるなどしていた。石橋産業手形詐欺事件では、所用があったロイヤル社の林社長に代わって、中尾元建設相秘書に現金と小切手を渡した。

●田中久則（四六歳）

許の側近として、一連の事件にたびたび登場する人物。東京地検の取り調べを受けていた前述の福川に対して、兼松浩一弁護士とともに、ウソの供述をさせた。さらに、許の息子・許宗大にも、「私が福川を東京駅まで送っていった際、福川が飲食等に使えと言って、福川拓一名義のクレジットカードを渡してきた」とウソの供述をさせた。

●吉田雅彦（三一歳）

八八年、許の関連会社である不動産会社に就職し、九三年一二月ごろから許の運転手兼秘書として勤務。その後、許の意向で、関係会社である東京都内のコンサルタント会社エービックの役員に就任していた。逮捕容疑は、金美佐子と共謀のうえ、許が逃亡生活に用いる乗用車を用意し、金に渡したというものだった。金は、この車に許を乗せて、東京都内を移動していた。

## 「なぜ逃亡したか」の背景・動機は「暴力団抗争に巻き込まれた」⁉

犯人蔵匿罪で逮捕された面々の供述は、許永中が、横浜市のマンションを拠点にして、東京都内のホテルや、ある時は大阪市内のホテルにも宿泊するなど、およそ〝お尋ね者〟とは思えぬ、おおっぴらな潜伏生活を送っていたことを窺《うかが》わせる。

収監後、ジャーナリストが失踪中の許から連絡を受けて二度会っていたことが判明したり、許が関西本部の後援会長兼相談役をしていた極真空手の松井章圭・極真会館館長が、逃亡中の許に会っていたことを週刊誌誌上で明らかにもした。なかには、「赤坂のオープンテラスでコーヒーを飲んでいたのを見た」（永田町関係者）という証言もあった。

接触した大物政治家秘書が、警視庁に事情聴取されたとの情報が永田町を駆けめぐり、大騒ぎになったこともある。「閣僚クラスが、当局にその事実を確認したところ、言葉を濁した」（永田町関係者）と言われているが、真相は藪の中だ。

許は、こうした支援グループに支えられながら、いったい何をやろうとしていたのか。それは、言い方を変えれば、許が「なぜ逃亡したか」という背景・動機にもつながる。

収監された許の公判が再開されたのは、前回から数えて二年五ヵ月ぶり、二〇〇〇年（平成一二年）二月のことだった。

そこで許は、逃亡の経緯について、日本に帰国したのは失踪直後の九七年一〇月三日で、飛行機で九州・福岡空港から入国したことを明らかにしたが、逃亡理由については「現在は言えない」と、かたくなに証言を拒否しつづけた。それでも、「証言できないのは刑事責任を逃れるためではない」と主張し、他の事情が背景にあることを示唆。今後、供述するかどうかは「状況による」と答えていた。そのため、失踪理由と拘束されるまでの行動は、いっさい謎とされてきた。

ところが、二〇〇〇年九月二六日の公判で、許は、一転して自ら理由を明らかにしたのである。

許の逃亡理由は、同被告に対する弁護側質問と、続いて行われた検察側質問に対する答弁で明らかにされた。その一問一答の概要を以下に紹介する。

まず弁護側被告人質問から――。

【弁護側】「あなたが提出した上申書の中で、逃亡理由について、暴力団抗争に巻き込まれ、命を狙われる危険があったと述べているが、具体的には、神戸で起きた山口組の宅見勝若頭の射殺事件とキョート・ファイナンスをめぐる一連の事件でということですか？」

【許被告】「そのとおりです」

【弁護側】「その環境は、当時と変わっていませんか？」

【同被告】「はい」
【弁護側】「裁判を受けられなかったことに対して、今どう思っていますか？」
【同被告】「裁判には早く出たいと思っていましたが、なかなかそういう状況にはなりませんでした。裁判に出なかったのは結果的には事実であり、弁解できません。大変申し訳なく思っております」

**暴力団抗争でのターゲットに「数回」なったというが……**

次に検察側被告人質問から――。

【検察側】「暴力団抗争に巻き込まれ、身の危険を感じるようになったのはいつごろですか？」
【許被告】「平成九（九七）年の五、六月ごろからです」
【検察側】「宅見組長の射殺事件の前からですか？」
【同被告】「そうです」
【検察側】「具体的には、どのようなことですか？」
【同被告】「身近な人が殺されかけたり、直接、私の身にも危険がありました。宅見組長の射殺事件やキョート・ファイナンスをめぐる一連の事件は、私の中では流れとして一つにつながっています」
【検察側】「殺されかけた身近な人とは誰です？」
【同被告】「大阪駅前第三ビル前で射殺された人です」
【検察側】「九六年八月二六日、梅田の第三ビル前の銃撃戦で死亡した高さんのことですか？」
【同被告】「そのとおりです」
【検察側】「あなた自身が狙われたのは、一度ですか？」

【同被告】「数回です」
【検察側】「具体的にはいつ、どこで、どんな目にあったのですか？」
【同被告】「いろいろありましたが、言えません」
【検察側】「キョート・ファイナンスの事件で、あなた自身が命を狙われたというのは具体的にはどういったことですか？」
【同被告】「当時は、神戸の須磨にあった中野会が京都に進出していたのですが、（キョート・ファイナンスのオーナーだった）山段氏と親しく、キョート・ファイナンスと関わりのある私が狙われたということです。これ以上は言えません」

また、この日の公判では、身長一八〇センチ、体重一〇〇キロの巨漢、しかもスキンヘッドという一度見たら忘れられない怪異な風貌で知られる許永中が、なぜ二年近くも逃げおおせたのかという点について、検察側と同被告とのやりとりもあった。

【検察側】「（日本に帰国する）飛行機の中では、あなたの周りに乗客はどれくらい乗っていましたか？」
【許被告】「けっこう乗っていたと思いますが、覚えていません」
【検察側】「隣に乗客はいましたか？」
【同被告】「覚えていません」
【検察側】「あなたは有名人だし、飛行機の中で目立つとは考えていませんでしたか？」
【同被告】「有名人ではありません。ローカルティーです」
【検察側】「あなたは普段、眼鏡をかけていますね」

【同被告】「はい」
【検察側】「その時はかけていたのですか？」
【同被告】「覚えていません」
【検察側】「あなたはサングラスはかけなかったのですか？」
【同被告】「かけていません。サングラスは海と山に行く時くらいです」
【検察側】「日本に帰国してから、関西ではなく東京に行ったのはなぜですか？」
【同被告】「関西は暴力団関係者が多く、東京のほうがいいと考えたからです」
【検察側】「住居はどうしたのですか？」
【同被告】「最初の一年は旅館やホテルを転々とし、残りの一年は他人のマンションで数週間から約一ヵ月間、生活しました」

## おおっぴらな逃亡の〝なぜ〟の真の理由は別にある

ここで、許永中が逃亡理由にあげた二つの事柄について説明しておきたい。

まず、山口組最高幹部（若頭）・宅見勝宅見組組長射殺事件である。今では、射殺犯グループの一員が手記（『ヒットマン』）を書くなどして、当時七人いた山口組若頭補佐の一人だった中野太郎会長（当時。九七年八月、山口組絶縁処分）率いる中野会系暴力団幹部らの犯行であることが判明しているが、当時はさまざまな憶測が飛び交っていた。そのひとつが許関与説だった。

宅見組長は、日本最大規模の暴力団・山口組の金庫番として知られ、バブル期には数千億円ものカネを動かす経済ヤクザの頂点にいた。

その宅見組らによる〝射殺犯探し〟の最中、『週刊ポスト』が「事件の背景に山口組の内紛があり、イトマン事件や許被告の動きが絡んでいる」という記事を掲載した。

答弁にあった、許の「暴力団抗争に巻き込まれ、命を狙われる危険があった」という供述は、ほかならぬこの記事を根拠にしたことは明白だった。つまり、山口組の内紛に巻き込まれ、ヤクザ社会でいうところの〝追い込み〟をかけられ、身の危険を感じてやむなく逃亡したというのである。

しかし公判後、許の供述について、ある大阪地検関係者は冷ややかな表情で、こう言い切っていた。

「許永中は、イトマン事件裁判では勝ち目がなく、あとは刑期が何年になるかだと思っている。しかし、逃亡では、裁判所の心証を悪くしてしまった。それを挽回するため、窮余の策として二年前の週刊誌の記事を持ち出し、『逃亡は命にかかわることで、やむを得なかった』とアピールしようとしたのだろう。本当のことは言っていない」

許の周辺関係者も、突然の逃亡理由証言について、こう周囲に漏らしていたという。

「あの証言は、公判前に、許永中が裁判所に提出した上申書に沿ったもの。裁判戦術として、弁護士がアドバイスしたとのことだ」

前述したように、許の逃亡劇は、世間で言われていたような地下潜伏などではなく、かなりおおっぴらなものだった。本当に暴力団から命を狙われていたなら、そんな行動を取れるはずもないだろう。とすれば、許の証言には、信憑性という点で疑問が残ると見るしかない。つまり、公判中の逃亡については、真の理由は別にある可能性が高いことになるのである。

## 山口組vs会津小鉄会の「京都戦争」こそすべての始まり

では、許永中はなぜ、宅見組長射殺事件とキョート・ファイナンスの話を持ち出し、逃亡理由として堂々と法廷で語ったのか。許の言う「キョート・ファイナンス」とは何を意味していたのか。

キョート・ファイナンス（京都市）は、一九六五年（昭和四〇年）、信用金庫業界では全国有数の預金量を誇る京都信用金庫を母体行として設立されたノンバンクである。公判にも名前が出てくる山段芳春（故人）が長年、事実上のオーナーを務めてきた。山段は、京都の政財界に隠然たる力を持ち、〝京都の黒幕〟とも呼ばれた闇世界のフィクサーである。

許はそのキョート・ファイナンスに、関連会社分を含めて約六五〇億円もの借金をし、焦げつかせていた。九二年五月末時点でキョート・ファイナンスの貸付金総額は約一六〇〇億円であったが、その九〇％近くに当たる約一四〇〇億円が、回収困難な不良債権と化していた。大半が、許のような裏社会と深い関係を持った人物や企業による焦げつきで、同社は事実上、破綻状態だったという。

周知のとおり、京都は暴力団・会津小鉄会（当時・構成員約一三〇〇人）の本拠地である。キョート・ファイナンスからは、当時の会津小鉄会トップの親族が経営する会社なども融資を受け、巨額の焦げつきの原因を作っていた。

そんななか、京都に乗り込んできたのが、山口組若頭補佐の一人、前述の中野太郎会長率いる中野会だった。

九五年六月中旬から八月下旬まで、京都市内を中心に約二〇件の発砲事件が起き、警戒中の警察官一人が射殺されるなど、京都は無法地帯と化したことがある。一般に、勢力拡大を目指す山口組（当時・構成員約一万八〇〇〇人）対会津小鉄会の「京都戦争」と呼ばれる抗争事件である。

武闘派を誇る中野会は、この時期、急成長した組である。当時、組員約一〇〇〇人の中野会は、弱小の独立系暴力団をその利権とともに吸収することで膨張した。

「バブル期、暴力団は、儲けていると睨んだ金融業者に杯を強要し、片っ端から企業舎弟にしていったが、中野会はそのなかでも突出していた」（大阪の金融業者）と言われるほどで、吸収される側も、〝菱の代紋〟があればシノギやすかった。中野会は、同じ山口組の山健組がガッチリ固めていた神戸ではなく、和歌山や京阪神線沿線に手を伸ばしていたのである。

許の言い分は、「京都戦争」の煽りを受け、会津小鉄会と一体の関係にあった京都の〝黒幕〟山段芳春、その山段とキョート・ファイナンスを通じて関係がある自分にも身の危険が及ぶ、という意味だったのである。

## ポスト京都戦争に絡む宅見組長射殺事件

翌九六年二月一八日、抗争は終結する。神戸市内の山口組総本部に、山口組系山健組の桑田兼吉組長、会津小鉄会系中島会の図越利次会長、広島の指定暴力団・共政会（約三〇〇人）の沖本勲会長が集まり、対等の「兄弟杯」を交わした。手元に、その際の「五分義兄弟縁組」の挨拶状の写しがあるが、「後見人・五代目山口組組長渡辺芳則」とともに、「取持人・五代目山口組若頭宅見勝」と記されている。図越会長、渡辺組長、宅見若頭の三者は、この後、三月末にも京都市内で会合を持ったといい、こうして山口組、それも中野会と、会津小鉄会の抗争は終結したはずだった。

にもかかわらず、同年七月一〇日の白昼、京都府八幡市で、中野太郎・中野会会長襲撃事件が起こった。乗用車で乗りつけた会津小鉄会系の組員数人が、自宅近くの理髪店で散髪中の中野会長を狙って発砲。中野会長に付き添っていた中野会系高山組組長が応戦し、逆に会津小鉄会系小若会幹部と同中島会系七誠会幹部の二人が射殺された事件である。

この事件の後始末を仕切ったのが宅見組長で、すぐさま会津小鉄会と手打ちした。

「事件当日、中野会会長を襲い、射殺された会津小鉄会系幹部組員の上部団体である中島会会長の図越利次・会津小鉄会若頭（当時）が、山口組山健組の桑田組長をともなって、宅見組長に会い、和解の仲介を依頼した。深夜、図越・中島会会長らは、神戸市の山口組総本部を訪ね、対応した五代目・渡辺組長は会津小鉄側の謝罪と和解を受け入れた」（関係者）となり、これには当然、中野会から「一発も仕返ししてないのになんでや」と不満の声があがった。

この手打ちをめぐっては、さらに中野会を刺激する、カネの問題も絡んでいた。

「オトシマエの代償として、会津小鉄から渡辺組長のもとに数億のカネが動いたと当時言われたが、実際はケタがひとつ多かった。それで、その半分近くを宅見組長が抜き、肝心の中野会へは少ししかカネが来なかったという話がある」（関係者）

似たような話は、後の宅見組長射殺事件後に出回った「怪文書」にもあった。怪文書は、事件が渡辺組長の意のもとに起こった権力争いであると記しながら、中野会長襲撃事件の手打ちに際して、会津小鉄会から数十億円のカネが渡辺組長のところに流れたとも書かれてあった。

先に触れた宅見組長射殺犯の手記『ヒットマン』にも、その指揮者だった中野会系壱州会の吉野和利が、中野会長襲撃事件の後始末について、こう不満をぶちまける場面が描かれている。

「中野会が受け入れたこの返し手打ちを主導したのは、今回、暗殺のターゲットとなった山口組若頭の宅見組長でした。会津小鉄への報復を叫んでいた吉野は宅見組長が和解に導いた『オチ』というか『シメ』がどうにも気に入らず、

『宅見がなんの返しもないまま、会津小鉄の若頭の指を詰めさせて、勝手に手打ちにしよった。こっちは一歩まちがったら、中野会長のタマをとられていたかもしれん。相手の指一本くらいでがまんできるか。今回の襲撃は宅見が裏で糸を引いて、うちの会長を消そうとたくらんだのや』

と私たちにぶちまけたことがあるのです」

そして九七年八月、山口組若頭・宅見勝組長は、神戸のオリエンタルホテルで中野会の四人に射殺され

たのである。

## 何を意味するのか？　大阪駅前ビルでの白昼の銃撃戦

さて、話はここで終わらず、宅見組長射殺以前に戻る。

中野太郎会長が襲われた九六年七月の翌月、今度は大阪で白昼堂々、射殺事件が起きた。

「パーン、パンパンパーン」

大阪の表玄関口、JR大阪駅前のビル街に突然、銃声が響いた。居合わせた買い物客が驚いて振り返ると、スーツ姿の年配の男が二、三歩後ずさりした後、そのまま仰向けに倒れた。その脇にいた男が、すぐさま両手にピストルを構え、立て続けに二、三発、発射。その銃口の先で若い男が二、三メートル後ろに吹っ飛んだ。撃たれた二人の男の周りには、たちまち血の海が広がり、間もなく死亡した。

この間数十秒。目の前で繰り広げられた一瞬の光景は、決してヤクザ映画のロケ風景ではなかった。白昼、大都会のど真ん中で起きた、本当の銃撃戦だった。

事件が起きたのは、夏休みもいよいよ終わりに近づいた八月二六日午後四時過ぎ。場所は、大阪市北区の大阪駅前第三ビル前の路上だった。

やがて、この白昼の銃撃戦で死亡した一方の男の名前が知れ、少なからぬ関係者を驚かせた。その年配の男は、仲間内で「サージ」と呼ばれていた、山口組系暴力団生島組の生島久次元組長（五六歳・当時、本名＝高佑炳）だったからである。

生島元組長は、八三年五月、米軍嘉手納基地で盗まれた大量の拳銃購入事件に絡んで、八三年五月、同元組長が個人名で利用していた三和銀行玉出支店（当時、大阪市西成区）と同行大阪支店（同市北区）の貸金庫から拳銃一二丁、実弾七五発が見つかった事件で、大阪府警から銃刀法違反容疑で指名手配された。

そして、行方をくらましたまま、九〇年五月、時効が成立。この間、八四年に引退し、生島組は実弟の生島仁吉（本名＝金在千）・山口組系山健組系二代目生島組長に譲っていた。

もう一人の若い男は、やはり山口組系山健組系太田興業内侠友会（大阪市中央区）の坂本和久組員（二九歳・当時）だった。

銃撃戦の顚末はこうだった。

侠友会の坂本組員が、同じ侠友会の武田信夫・若頭補佐（逃走、九月三日出頭、逮捕）と二人で、生島元組長を殺害するために、大阪駅前第三ビル前で待ち伏せ。犯行に及んだところ、生島元組長のボディガードをしていた生島組の古市朗・元組員（三八歳・当時）に応戦され、撃たれた坂本組員が死亡したというものだった。

なぜ、銃撃戦の現場が大阪駅前第三ビル前かといえば、生島元組長が会長として実質的に経営する不動産会社「日本不動産地所」が、駅前第三ビルの一五階にあったからである。古市元組員は同社の社員だった。

それにしても、めったにない白昼の銃撃戦であったため、よほどの背景があると見られた。その一つとして、双方の顔ぶれからすぐ浮かび上がったのが、一三年前の襲撃事件だった。

生島元組長と一緒にいて応戦し、坂本組員を射殺して逃亡した古市元組員は、生島組構成員だった当時の八三年一〇月、大阪空港で、韓国旅行から帰国し、出迎えの車に乗り込んだ侠友会の鶴城郁夫・初代会長（四六歳・当時、本名＝金螢哲）を殺害しようとして拳銃を発射。窓が防弾ガラスだったため、弾が跳ね返り、未遂に終わってそのまま逃走。大阪府警から殺人未遂容疑で指名手配されたことのある人物だった。

この時、難を逃れた鶴城・初代侠友会会長は、翌八四年二月にも、大阪・ミナミで何者かに狙撃され、重傷を負って入院。その後、死亡したが、犯人は捕まっていない。

こうしたことから、侠友会の坂本、武田両組員が、時効で逃亡生活を終え、表に出てきて、日本不動産地所の経営に再び関わっていた生島元組長を発見、付け狙い、復讐戦に及んだのではないかと見られた。事実、逮捕された武田・若頭補佐は、取り調べに対して、犯行の約二ヵ月前から付け狙い、「先代の恨みを晴らして男になりたかった」と供述したという。

だが、これはあくまで表向きの理由で、「内実はもっとドロドロしたものではないか」と見る捜査関係者もいた。

## 生島元組長の射殺は許永中の謀略だった⁉

それは、生島元組長の豊富な資金力に関係していた。

七〇年（昭和四五年）ごろに生島組を結成した元組長は、現役時代から金融業や会社整理を手がけ、七〇年代から八〇年代にかけて、活発に不動産買収や債権回収を行うなど、今でいう「経済ヤクザ」の走りだった。オーナーだった日本不動産地所の直近の決算書は、バブル崩壊後の不動産不況にもかかわらず、当期利益二億四五〇〇万円をあげ、五六億円もの貸付金を計上、盛んな活動ぶりを裏付けている。

当然、組関係とは、不動産や金銭貸付けの取引関係があった。そうした背景から、襲撃事件は金銭、あるいは土地取引をめぐるトラブルが原因との説も流れたのである。

ヤクザに狙われるほどの生島元組長の経済活動を支えてきたものがある。それは、資産形成には絶対必要な〈マル秘〉の税金対策である。

生島元組長は、税務署への申告が実質、フリーパスとなる部落解放同盟系の業者団体に関係していた。実際、「日本不動産地所は長年にわたって販売実績がなく、税務署には売上げゼロ申告をしてきた。八八年一一月決算で初めて、金融収入を売上げに計上し、それまでのゼロから脱した」（大阪の信用調査会社関係者）という〝経営〟ぶりだった。

また生島元組長は、行政当局に絶対的な力を持ってきた部落解放同盟系業者団体との関係からか、七九年（昭和五四年）一〇月、当時はまだ現役の組長だったにもかかわらず、「大阪市再開発建築施設買い入れ融資制度」による大阪市の斡旋で、三和銀行から約九〇〇〇万円の融資を受け、大阪駅前第三ビルの日本不動産地所のフロアを同市から一億五六〇〇万円で購入した。八三年、大阪空港での古市組員（当時）による初代侠友会会長襲撃事件では、事実上の生島組事務所として、第三ビルの日本不動産地所が家宅捜索されている。

生島元組長は、やはり同じように、部落解放同盟系業者団体に関わることで税金逃れをしてきた許永中とも昵懇《じっこん》の間柄だった。

許が「関西地下経済界の黒幕」として名前が出る前から、生島元組長は許に、大阪府池田市にあった自宅を担保に資金を提供したり、許が「コリアタウン」建設を夢見て取りかかった大阪市北区中崎町の地上げに融資するなど、スポンサー役を果たしてきた。許は山口組直参の古川組（兵庫県尼崎市）相談役の肩書を持っていたが、捜査当局作成の人脈チャートには「生島組相談役」として登場したこともあるほどだった。

こうしたことから、関係者の間では「許は生島元組長に約二〇〇億円の借金があった」というのが定説になっており、駅前ビルの射殺事件は、当時、保釈の身ながら、復権著しかった許絡みとする説も流れたのだ。

小西邦彦支部長

## 解放同盟大阪府連飛鳥支部に撃ち込まれた疑惑の銃弾

そしてもう一つ、「中野会絡み」という説も流れた。中野太郎会長は、生島元組長と親しかった。確かに、事件直前、中野会長と生島元組長は頻繁に会い、関係者の間で「近々、盃を交わすのではないか」との噂が流れていた。

このころの、二人の急接近の背景については、「一説には、八〇〇億円近くあったと言われた多額の貸付けの取り立てには、菱の代紋があった方が好都合と思っていた生島元組長と、当時、山口組の中で急激に勢力を伸ばしていた中野会にすれば、資金豊富な生島元組長を手元に引きつけておいた方が得策とする、両者の利害が一致していたから」と、指摘する関係者もいた。

このため、生島元組長射殺は、二人の関係を御破算にするために仕掛けられたものだという見方もあった。

当時の山口組は、身体を壊していたナンバー2の宅見勝若頭の跡目争いが水面下で熾烈に行われている最中で、中野会長もその一人だった七人の若頭補佐の間はギクシャクしていた。こうした事情から、生島元組長の射殺事件は、山口組の内部抗争が飛び火したものではないかとも言われた。つまり中野会のカネづるをめぐる襲撃事件だったというわけである。

そして、大阪駅前ビルの射殺事件から一年後、またしても銃撃事件が起こった。

宅見組長射殺事件直後の九七年（平成九年）九月一五日、大阪市東淀川区の部落解放同盟大阪府連飛鳥支部事務所に銃弾が撃ち込まれたのである。

関係者によると、解同飛鳥支部の小西邦彦支部長（故人）は、日頃から生島元組長の親族の面倒を見たり、射殺事件で病院に運ばれた同元組長のもとに駆けつけるなど、「因縁浅からぬ」関係にあったという。

事実、小西支部長は、日本不動産地所があった同じ大阪駅前第三ビルの地下二階に事務所を構え、大阪・ミナミで生島元組長が経営していた不動産金融業「生島企業」（後にエスユー企業）所有のモータープールを担保に、「京セラファイナンス」（東京都中央区）から限度額の二三億円、「三和ビジネスクレジット」（東京都新宿区）から同じく三〇億円のカネを借りるなど、ただならぬ関係にあった。

小西支部長は、表向きは「社会福祉法人ともしび福祉会」「財団法人あすか会」の代表理事の肩書を持ち、東淀川区で保育園などを経営してきたが、裏の顔は、元山口組系金田組（解散、金田三俊組長＝死亡）の「企業舎弟」をしていた暴力団関係者だった。

たとえば、かつて金田組組長と同居していた女性と組んで、「飛鳥解放会館」の用地をめぐる土地転がし疑惑を大阪市議会で追及されたり、ペーパーカンパニーの「野間工務店」のオーナーとして、大阪市発注事業を二一億円も請け負い、山口組の資金調達係にもなってきた。

こうしたことから、部落解放同盟飛鳥支部への発砲は、中野会と親しかった生島元組長と金銭的に深い関わりがあった小西支部長への、宅見組による報復戦と見られたが、「実際はやらせ。銃撃したのは宅見組傘下の組。その組が後に小西のボディーガードになった」（元宅見組幹部）というのが真相だ。

## 逃亡中の許永中が仕掛けていた〝大きなビジネス〟

この「生島―小西」ラインには、実は、許永中もしっかりと絡んでいた。許がかつて野村雄作と立ち上げたレジャー開発会社「東邦エンタープライズ」をはじめとする許グループ企業の常連役員の一人は、部落解放同盟飛鳥支部役員で、竹中組長暗殺事件当時、小西が作った同和対策事業の受け皿会社・野間工務店の代表取締役をしていたのである。

許がそれ以上のことは「言えません」と証言を拒否したため、真相は定かではないが、許が公判で「暴力団抗争に巻き込まれ、命を狙われる危険があった」と喋ったのには、こうした一連の事件が背景にあったのである。

ただ、それが許失踪の本当の理由だったかどうかについては、すでに触れたように信憑性が薄い。宅見組とも中野会ともパイプを持つ山口組関係者の一人が、こんなことを漏らしていた。

「宅見も中野も表向きは許永中を狙っていると言われていたが、そんな動きはいっさいなかった。許が当時もっとも恐れていたのは、東京地検特捜部の捜査が身近に迫った新井組の株の件（石橋産業手形詐欺事件）で再逮捕されること。要するに、ビジネスができなくなることだった。それで表舞台から姿を消した。仕事は、いくらでも裏から人を動かしてできるからな。そういえば、失踪前に大きなビジネスを仕掛けていたという話もあった」

また、許の逃亡を助けたとして逮捕された前述の兼松弁護士は、許のイトマン事件公判が再開された後、こう語っていた。

「（許は）事業のメドがつけば、出頭する用意があった。……彼の場合は、実業家だから、失踪前からいろんな案件をやっていて、それを進めたいということで人にも会っていたようだ。（韓国から）帰国してから、海外にいたということはない。逮捕直前の状況から見ても、逃げている、隠れているという感じじゃない。そろそろ潮時かなと思っていたら、ほんのちょっと早く捕まってしまった、という感じじゃないか。折りを見て、出る（出頭する）つもりだったと本人も言っていた」

その許永中は、二〇〇一年（平成一三年）、三〇〇〇億円が闇に消え、戦後最大の経済事件といわれたイトマン事件で、大阪地裁で懲役七年六ヵ月・罰金五億円の実刑判決を言い渡され、その後控訴・上告したが二〇〇五年一〇月、最高裁で上告棄却が決定。栃木県大田原市の黒羽刑務所に収監された。また、約一七九億円の約束手形をだまし取った石橋産業事件で、懲役六年の実刑判決を言い渡され、控訴・上告したが二〇〇八年二月、上告棄却が決定し、刑期が加算された。

二〇一二年一二月、母国・韓国での服役を希望し、国際条約に基づき移送された。刑期満了は二〇一四年九月だったが、その一年前の一三年九月三〇日、ソウル市内の刑務所から仮釈放された。その後ソウル市内在住で北朝鮮ビジネスを手がけているなどと伝えられていたが、二〇一七年一二月二六日、「追跡！マネーの〝魔力〟」というタイトルで放映されたテレビ番組『ガイアの夜明け』（テレビ東京）に突然出演し、その健在ぶりをアピールした。さらに、『文藝春秋』（二〇一八年四月号）に「許永中告白10時間『イトマン事件の真実』」と題したインタビュー記事が掲載された。

# 第7章　東本願寺の実弾と恫喝の裏面史

## 〝実弾〟を飛ばし権力を握る〝天皇家の反乱〟

〝天皇家の反乱〟とでもいおうか——。

〝実権天皇制〟から〝象徴天皇制〟へと憲法を改めた。これに不満の皇太子が独立王国結成を宣言する。国を出た皇太子に代わり、その長男が「新憲法遵守《じゅんしゅ》」を誓って皇太子になる。ところがその皇太子も「二つの国の皇太子を兼任するから、その旨、憲法を変えろ」と言いだす。政府は皇位を剥脱《はくだつ》し、その従弟《いとこ》で高校一年生の少年を、本人の承諾なしに新皇位継承者として指名する……。「お東さん」（真宗大谷派〈本山・東本願寺、京都市下京区〉）は今、そんな事態に遭遇している。

一九八〇年（昭和五五年）一一月、大谷光暢法主《おおたにこうちょうほっす》（門首）と内局で「即決和解」が成立、十年余に及ぶ紛争が終結したかに見えた。だが、紛争の火種は形を変えて燃え続け、新たな局面を迎えようとしている。

宗祖親鸞《しんらん》の血脈《けちみゃく》を継ぐとされる大谷家は、真宗大谷派における天皇家のような存在である。その大谷家を一方の当事者として、紛争は展開してきた。一般に、大谷家を中心とする「保守派」と内局を中心とする「改革派」の争いといわれる。たしかに同朋会《どうぼうかい》運動という信仰運動が紛争の底流にあり、「反靖国」運動などに参加し改革派を自認する僧侶もいる。しかし紛争には「保守対改革」では割り切れない側面もある。

　東本願寺紛争の特徴は、時価数兆円とも数十兆円ともいわれる教団財産をめぐる「利権」がつきまとってきたこと、「利権」をめぐるそれぞれの事件を陰で演出してきたのが「右翼」や「利権屋」と呼ばれる面々であったこと、そして事件の〝火元〟は常に大谷家側にあったこと、そうした視点から、紛争のこれ

大谷光暢法主

吹原弘宣

森脇将光

までと、今をレポートする（肩書は、原則として事件当時のものを使用、便宜上、「保守派」「改革派」の呼称も一部使用した）。

「開申《かいしん》」事件が起きたのは六九年（昭和四四年）四月だった。開申とは、法主が内局に出す指示のこと。大谷光暢法主が突然、管長職を光紹《こうしょう》新門（新門首の略。門首継承者のこと）に譲ると発表した。管長とは宗派の代表役員、つまり法律上の権限を譲るとの発表である。宗憲に定めた手続きを無視した指示に内局、宗議会挙げて反発、これが東本願寺紛争の発端となった。

　仕掛け人は吹原弘宣《ふきはらこうせん》だった。吹原は岐阜県の大谷派末寺の息子。戦後、詐欺事件を重ね、六五年（昭和四〇年）四月には「吹原産業事件」の主役となった。〝闇の金融王〟森脇将光《もりわきまさみつ》と組んだ三〇億円の詐欺事件。自民党総裁選挙を利用したもので当時の政府高官にも波及し、児玉誉士夫《こだまよしお》、小佐野賢治《おさのけんじ》らの名前まで出てきた。

　保釈で出てきた吹原は、東京本願寺（東京別院）住職の光紹新門に接近する。吹原が教えたのは〝土地で儲ける〟こと。東京本願寺が京成電鉄に貸し

児玉誉士夫

小佐野賢治

てある土地から多額の権利金を取り、税金減額の工作をしてやる。新門は「吹原氏は有能な実業家であるので手助けを願っている。こんどの（詐欺）事件も判決が出ない以上悪人にするのは酷ではないか」（『読売新聞』六九年五月一六日付）と、保釈中の吹原に絶大な信頼を寄せた。

「光紹新門が管長になれば、吹原は〝自分の意〟を通しやすくできる」（同）。吹原は新門を通して法主夫妻にも接待攻勢をかける。こうしてこぎつけたのが管長譲位発言＝開申だった。

邪魔なのは「改革派」が多数を占める宗議会と内局。この年の宗議会議員選挙では新門を先頭に、猛烈な多数派工作を展開する。実弾が乱れ飛ぶ。その資金源も吹原だった。もちろんタダで資金を提供したのではない。吹原は出費を克明にメモしていた。毎日新聞社編『宗教を現代に問う』によると、出費の総額は七五九三万五七四〇円だったという。

選挙で勢力を逆転し、法主派内局が誕生するや、吹原の関連会社は法主の白紙委任状を入手して山科上《やましなかみ》花山《かざん》の所有地造成を開始した。総工費四〇億円をかけた納骨堂（東山浄苑）建設工事である。

吹原は人事権も握った。東京・浅草の本龍寺住職は当時、「東京別院輪番にならないか」と薦められた。ただし、「まず吹原に会って推薦をもらうこと」が条件だった。「なんで吹原ごときに頭を下げなきゃならないのか、と断ったけれど当時はまさに〝吹原本願寺〟の様相だった」と同住職は筆者に語っている。

ちなみに、真宗大谷派（東本願寺）、通称「お東さん」の機構は国のそれと酷似している。国の憲法にあたる宗派の最高法規が「宗憲」。国会にあたるのが僧侶で構成する「宗議会」と門徒《もんと》で構成する「門徒評議会」。政府にあたるのが「内局」で、総理大臣を「宗務総長」、大臣を「参務」と呼ぶ。裁判所にあたる「審問院」もある。

その頂点に、宗祖親鸞の血脈を継ぐとされる大谷家の当主が「法主」として君臨してきた（八一年の宗憲改正以後は「門首」）。世襲制は、他の伝統仏教教団には見られない、真宗教団の特徴の一つとなっている。大谷家はいわば、宗門における天皇家のような存在で、天皇家の皇位継承権者を皇太子、親王と呼ぶのと同様、門首の長男を「新門」、他の男子を「連枝《れんし》」と呼ぶ。ごく最近まで、子は父を「お父《もう》さま」と呼んでいたという。門首は大谷光暢。智子裏方（門首夫人）は皇太后の実妹である。

## フィクサー児玉誉士夫が顧問となって恫喝

激しい実弾攻勢で〝保革逆転〟を果たした六九年末の宗議会選挙に登場した、もう一人の人物が児玉誉士夫だった。戦中は軍の特務として働き、戦後は保守政界の黒幕、右翼のボスとして君臨。ロッキード事件で起訴され、公判中に死亡した。

児玉は日蓮宗《にちれんしゅう》の信者で池上本門寺の有力檀家《だんか》である。その児玉が真宗大谷派の「門跡（法主）顧問」として登場する。「わが東本願寺の永遠の基礎固めをするため、東本願寺に深く巣喰《すく》う宗務総長とその一派を、一切の役職から追放し、以《も》って東本願寺の千年の計を確立して頂き度《た》い」という法主あて書状のコピーを宗門僧侶に送りつけた。「改革派」への恫喝《どうかつ》である。

法主がどういう経過で児玉に「顧問」の肩書を与えたのかは明らかになっていない。しかし法主の肩書乱発はかなり広範囲にわたっていたと推測される。八六年（昭和六一年）夏には、九州の建設会社社会長の葬儀委員長と副委員長が「大谷派門跡顧問」「同内局顧問」の肩書を使った。葬儀委員長は国政選挙の候補者だったという。この種の肩書は金で売られることが多い。

児玉の介入は一過性で終わった。吹原もその後、教団から手を引いた。だが吹原が蒔《ま》いた〝利権〟の種が芽をふくのは、それからのことであった。

たとえば七三年（昭和四八年）、こんな事件が続発する――。

〈名号《みょうごう》ネクタイ事件〉大阪の末寺住職・若松晴らが真誠念法会（阪根徳理事長）をつくり、法主直筆の「南無阿弥陀仏《なむあみだぶつ》」の六文字入りネクタイ販売でひと儲けを狙った。

〈難波《なんば》別院土地事件〉若松が法主の「委任状」を持って難波別院の一部売却を図る。委任状を信用した不動産業者が、手付金七〇〇〇万円を詐取されたとして表面化。

〈宇治《うじ》土地事件〉宇治の所有地一億三〇〇〇万円分と滋賀の山林九〇〇〇万円分を交換し、利ざやを稼ごうとした。若松と藤本昭が法主の「委任状」を持って行動。手付金を詐取されたという不動産業者が、法主、若松らを告訴。

――三つの事件に登場する若松は、当時「大谷家の資金調達係」と評されていたという。ネクタイ事件の阪根は右翼・日本塾塾幹。全愛会議（右翼連合組織、笹川良一《ささがわりょういち》らが顧問）の代議員も務めている。宇治土地事件の藤本も日本塾顧問。韓国出身で戦争中は佐郷屋嘉昭《さごうやよしあき》（浜口首相狙撃犯、戦後護国団団長、全愛会議議長）の私設特務として働き、護国団顧問、全愛会議副議長なども務めている。日本塾は関西の右翼連合組織、三曜会の一員でもある（『右翼・民族派事典』による）。

この年の暮れの宗議会選挙で再び勢力が逆転、「改革派」が多数を占めた。法主は允裁《いんさい》（決済印のこと）を拒否するなどして、「改革派」内局に抵抗を試みる。独断で別人物を宗務総長に指名。この総長が宗務所に立てこもり、金庫をこじあけようとする事件まで起こった。

教団所有の山林などを管理している本廟維持財団（現・本願寺維持財団）をめぐり、〝骨肉の争い〟も演じられた。財団理事長である二男・暢順《ちょうじゅん》に対し、法主と四男・暢道《ちょうどう》（法主秘書役）が「理事長職を譲れ」と迫った事件である。「財団理事長を三カ月間、私にくれ」と光暢法主。「いえお父《もう》さまに金庫番のようなことはさせられません」と暢順理事長。京都グランドホテル（現リーガロイヤルホテル京都）での一幕だったと、当時の秘話を『文化時報』二月一八日付が明かしている。

一連の事態は法主グループの焦りを示している。「お上《かみ》は借金で苦しんでいる」。そんな噂《うわさ》が宗門に広がった。

## 笹川了平登場、手形乱発で次々と差し押さえ

「宗務総長に会いたい」。ドン・笹川良一の実弟、自民党代議士糸山英太郎《いとやまえいたろう》の義父、関西右翼の幹部で国際勝共連合顧問、笹川了平《りょうへい》が東本願寺に乗り込んできたのは七六年四月のこと。幻の計画「大谷の里」事件に絡んで、であった。

琵琶湖畔に総工費四〇億円で老人福祉施設をつくる。種子島《たねがしま》の九万坪の原生林を買い、移植する。真宗大谷派の施設に「禅宗道場」までつくる――法主らは奇想天外な〝計画〟にまんまと乗せられた。当座の資金づくりとして、法主、裏方、四男・暢道名義の手形七枚五億円分を乱発。手もなくパクられてしまう。

笹川は法主の依頼を受け、そのうち四億円を回収し、東本願寺に届けたのだった。残る一億円分の手形が次々と人手に渡り、ついに枳殻邸《きこくてい》や室町役宅などが差し押さえられた。この時期、法主や暢道が白紙委任状を乱発していることが判明。教団の不動産は次々と抵当に入り、差し押さえられていった。しかも同じ土地の抵当権者が二度三度と移っていく。つまり、借金をしてその返済のための借金をする。〝借金ころがし〟の様相を呈していた。

債権者の顔ぶれを見ると、元首相福田赳夫《たけお》の甥やグアム島生き残り兵士横井庄一夫人の実兄もいる。

〝筋者〟の債権取立業者」や、「キズ物専門の不動産業者」「暴力団につながる金融業者」などもいる。「貴族育ちのお上が、たちうちできる相手ではない」と、門徒たちは嘆いた。

当時、宗門が支給する法主手当は月額百数十万円。新門や他の連枝にも、相当の手当が支給されている。光熱費やお手伝いの費用も宗門持ち。四男・暢道らの放蕩《ほうとう》や選挙での実弾工作のツケがあったにしても、これで莫大な借金ができるとは考えられない。「お上」ではたちうちできない〝利権〟のえじきになったという指摘も、間違いではないだろう。

七八年（昭和五三年）一一月の宗派離脱宣言は、法主側にとって〝最後の切り札〟だった。莫大な教団財産の大半は「真宗大谷派」でなく「本願寺」名義。宗門の拘束を離れて本願寺が独立すれば、財産処分も自由にできる――狙いは明らかだった。

離脱宣言から一〇日後、早くも名勝・枳殻邸の所有権が第三者に渡った。時価一〇〇億円という名園である。宗門の諸手続きを無視した、まったく違法行為であった。

法主側は、対外的には「独立資金捻出《ねんしゅつ》のための担保として一年間だけ預けるのだ」と説明した。しかし法主とブレーンの内輪の会合の議事録を見ると、暢道は、「当面、この一二月までの資金として数億円は絶対必要であり、その中には今までの活動資金並びに借金返済もあり、法主の台所も考えてほしい」と説明している。

枳殻邸の新所有者は松本裕夫。貸しビル業裕光社長という肩書だが、同社は事実上の休眠会社、とても独力で買う資産はないと見られていた。まもなく所有権の一部が近畿土地に移され、同社がスポンサーだったことが判明する。

小森新次郎・近畿土地社長はその後の裁判で、松本のことを〝キズ物〟をあつかう海千山千のつわものだという趣旨の証言をしている。松本の交遊関係を洗うと、大物総会屋や事件屋の名前が多数出てくる。八八年一〇月には、左京区下鴨《しもがも》にある松本の居宅に銃弾が撃ち込まれた。ただしこれは、東本願寺事件には関係がない。別の「下京区の土地を巡るトラブル」（『文化時報』八八年一〇月一五日付）だという情報もあるという。

枳殻邸を買った松本裕夫は、京都を本拠地にする右翼・日本民主同志会（日民同）の会員でもあった。日民同委員長は松本明重《あきしげ》。世界救世教外事対策委員長、日本郷友連盟本部理事、しゃぶしゃぶの「祇園《ぎおん》するひろ」会長……という肩書を持つ。

松本明重は戦中、大陸に渡り軍の特務としてニセ札づくりなどに従事する。戦後は進駐軍幹部に取り入り、反共・公安人脈につながる。京都市の革新市長として当選した高山義三《ぎぞう》を吉田茂とひき会わせ、保守寝がえりの根まわしをした、とも自称する。

日民同といっても、当初は「総会屋リスト」に載る程度だった。その松本が〝力〟を得るのは世界救世教の内紛に介入してからである。反対勢力封じ込めに功績を上げ、教団の最高実力者にまでのし上がった。公称信者八〇万人という救世教の〝組織票〟をバックに民社党とのコネをつけ、七八年（昭和五三年）京都府知事選挙では林田悠紀夫《ゆきお》保守府政誕生に一役買ったりもした。

密《ひそ》かに大谷光紹新門らと連絡を取り合っていた松本の東本願寺紛争介入は、枳殻邸処分の直後に公然化する。「東本願寺に直言する――日本民主同志会意見書」を教団に突きつけた。意見書では、「紛争の最大の原因は、実に政僧が内局に巣喰い、マルクス・レーニン主義に毒された数多くの袈裟《けさ》をまとった獅子身《しし》中の虫に起因する」と決めつけ、「日本民主同志会はいつまでも傍観者の席にはとどまらない」と宣言。この意見書を全国の末寺に送りつけ、賛同署名を迫った。署名簿の末尾には「この目的達成の為《ため》には敢《あ》えてあらゆる手段をも行使する」との脅し文句を添える。日頃、こうした連中との付き合いの少ない僧侶たちは、これだけで足がすくむ。世界救世教〝乗っ取り〟のなかでつかんだ、紛争介入のノウハウであろう。世界救世教はもともと〝病気治し〟を売り物にする教団だった。松本が介入して以降、急速に政治色を濃くし、選挙の〝有力票田〟へと変貌する。それを通して松本も、反共人脈による宗教界再編の仕掛け人の一人にのし上がっていった。その意味で、松本介入によって東本願寺紛争にも新たな視点が加わる。反共宗教人脈にとって伝統ある既成教団にクサビを打ち込む意味は、はかりしれないほど大きいからである。

だが松本の野望は挫折する。松本自身が、救世教での地位を失ったからである。救世教幹部でありながら「平安教団」なる宗教団体をつくって教祖におさまったことや、巨額の金銭上のトラブルなどが原因だと伝えられている。

## どんでん返しとなった大谷家の〝反乱〟

東本願寺の施設は、原則として拝観料をとらない。すべて門徒の浄財でまかなっている。教団の財産は門徒全体のもの、との思想の反映だといえる。

松本明重の「日民同意見書」は「数兆円ともいわれる本山財産のほんの一部」を処分しても「そうメクジラをたてることでもあるまい」と公言する。実際、法主はいとも簡単に教団財産を処分し、借金の担保にしてきた。なぜか。〝債権者〟の一人、幡新守也（横井庄一の義兄）がズバリと答えている。「五億円の借金を大げさにいうけれど、一〇〇〇万人門徒に分けたら一人五〇円。たいしたことはないよ」。

この発想は、間違いなく大谷家の側にもあった。五億円の手形を乱発した「大谷の里」計画で、暢道らは門徒一人に一万円ずつ出させて一〇〇億円集めれば楽に元がとれるという〝資金計画〟を立てていた。最後は門徒に尻ぬぐいさせればよい――だが大谷家にも利権集団にも、大きな誤算があった。内局、宗議会が枳殻邸処分という違法行為に対して告訴・告発という法的措置をとったからだ。地検の追及が始まった。暢道らの逮捕は必至という情勢になった。逮捕をのがれる方法はただ一つ、内局との和解に応ずるしかない。大谷家代理人として和解交渉にあたった内藤頼博弁護士（その後、学習院院長）は、その後の裁判で「暢道の逮捕という情勢が非常に迫っていた」「もう法主も、全て譲っていいじゃないかと、向こう（内局）の言う通りになったって仕方がない、ということを言われた」と証言している。

そんな背景のもとに八〇年（昭和五五年）一一月、内局と大谷家は即決和解に調印した。和解条件は、①真宗大谷派と本山本願寺の代表役員の地位を宗務総長に移す、②内局側のこれまでの事務措置を有効なものとして認める、③全国の別院の代表権を輪番に移す、④内局は告訴を取り下げる、⑤法主らの借金を宗門が肩代わりする、⑥大谷光暢を宗門最高位として処遇する――という内容。つきつめていえば、法主側は〝実権〟天皇制から〝象徴〟天皇制への移行を認める、その代わり借金の肩代わりをしてもらうという内容であった。

ともあれ、これで吹原弘宣の仕掛け以来一〇年にわたる紛争に終止符を打つことができる。これで宗門は正常化への歩みを始める。誰もがそう思った。

大谷法主側が申告した借財は、一〇件七億二〇〇〇万円にのぼる。内局は和解条件に従い、順次返済を続け、そのうち八件が完了した。八一年には宗憲を改正、法主を門首と改め、法的な代表権を宗務総長に移した。門首とは真宗門徒の首座として、聞法《もんぽう》求道の代表者だと内局は説明する。和解後の処置は順調に進んでいる。これで正常化できる、と誰もが思った。

が、大谷家側にとって、即決和解は逮捕のがれの緊急避難にすぎなかった。八五年（昭和六〇年）一〇月になって、門首らは「即決和解無効確認訴訟」を起こす。門首は記者会見で提訴の理由を、「法主に宗務総長の任命権を与える」などという和解条件が守られていない、と主張した。しかし、和解当時の法主側代理人である内藤弁護士は法廷で、「任命権」などは和解条件に入っていないと明確に証言している。

光暢門首は今、月額一五〇万円余の門首手当をもらいながら門首就任を事実上拒否するという、ヘンな状態が続いている。

一方、吹原弘宣以後、紛争の表舞台から遠ざかっていた光紹新門の動きはきわめて活発だ。即決和解の機先を制する形で、東京本願寺の宗派離脱を宣言。離脱にともなう宗教法人規則の変更が都知事に認証され、独立を果たした。新宗憲下の大谷派とは「信仰のあり方が明らかに異なる」（『朝日新聞』七九年六月一四日付）というのがその理由。さらに八八年二月、「浄土真宗東本願寺派」なる宗派結成を宣言、自ら「第二五世法主」と名乗った。

光紹住職は反共雑誌『ゼンボウ』（八八年一一月号）に登場して、「法主と呼んでいたものを門首という名に変えてしまいました。これは、いわば門徒代表ということで、つまり、法を説く人でなく聞く人になる。俗人の首席ということです。（中略）法主を無くした、ということは、いわば扇の要を無くしたようなものです」と語っている。大谷家の人間は「法を説く人」なのだ。「俗人」ではないのだ。つまり、えらいのだ、というわけだ。

もちろん、大谷派内局も黙ってはいない。「信仰が異なる」といって離脱した人物を新門にしておくことはできない。内事章範の順序に従って光紹の長男・光見を新門とした。もちろん「宗憲、大谷派規則等を尊重する意志があるか」との「御伺書」を提出し、「その意志があります」との回答を得たうえでの措置だった。ところが、その光見新門が八八年、父親光紹住職の「東本願寺派」旗上げに同調し、二つの新門を兼務するから「兼務可能となるよう（大谷派宗憲・規則を）改正することを要望する」との通知書を大谷派内局に送りつけた。

わざわざ意思確認をし、新門手当に加えて大学の学費まで送ってきた内局としては、これでは立つ瀬がなかろう。

「信仰の異なる」二教団の新門兼任はもともと不可能なこと。内局は光見新門の法嗣《ほうし》を剝奪、内事章範の継承順序に従って門首二男の暢順の長男、大谷業成を門首後継者に選んだ。一五歳の高校生である。こんどは本人の意思確認もしていない。「大丈夫か」「手続きが形式的すぎないか」という不安が、門徒の間になくはない。

## 勝共連合の急接近と「牛久浄苑」大プロジェクト

「東本願寺派」を宣言した東京本願寺の光紹住職周辺の、新たな動きも注目されている。その一つは、光紹住職と統一教会＝勝共連合の急接近である。統一教会＝勝共連合はもともと、松本明重など紛争介入メンバーとの接触を続けており、七九年七月には『思想新聞』に〝共産党が本願寺を狙っている〟との特集を組むなど、介入の姿勢を本格化していった。「改革派」のバックに共産党がいる、という形の常套《じょうとう》手段を使いながら、反内局勢力の糾合を図る、という戦略。とりわけ、光紹住職に対しては、『世界日報』に意見発表の場を与えるなどして接触を深めていた。

八八年（昭和六三年）の「東本願寺派」結成では、統一教会直系の『宗教新聞』に大型インタビューを掲載、「(光紹)師の双肩にかかるものは、法統の正しき伝承、新宗門の指導と民衆の教化、人類救済への国際的活動を目指した仏都創建への壮大なヴィジョンの実現と、あまりにも膨大である。しかし師の心はおだやかで微塵《みじん》の気負いも感じられない。これらのことは〝弥陀の御勅命〟との確信と責任感に満ちている。その態度にはなんの私心も感じられない清々しいものがある……」と、最大級の賛辞を送っている。

光紹住職は、世界宗教議会日本会議主催の「宗教セミナー」世話人に就任。八八年来、仙台、名古屋、

大谷光紹住職

金沢、大阪、東京など各地でセミナーを開いている。同会議も統一教会系列組織。小山田秀生・統一教会副会長が国際文化財団副理事長の肩書で、また『思想新聞』に本願寺特集を書いた「宗教ジャーナリスト」が宗教時事研究所代表という肩書で〝反共講演〟をし、宗教界への浸透を図る。光紹住職がその旗ふりを担っているわけだ。

東京・浅草の東京本願寺を訪ねると、まず目につくのが「墓地分譲」の看板である。二つの分譲会社がそれぞれプレハブの出店をつくり、大きな看板を掲げているからだ。一区画○・二七五平方メートル二七○万円。安くはない。

先の『宗教新聞』インタビューで、光紹側近幹部は「お寺の境内なども広々として、それによって緑化地帯が保たれ、人々のいこいの場であり、空気も少しでもきれいに保つ役割」を強調している。ところが東京本願寺の雰囲気は、それと正反対なのだ。賃貸用地に建てたマンションが境内に迫り、わずかのすき間は建物ギリギリまで分譲墓地にされている。

紛争の過程で約三〇〇の末寺が宗派を離脱した。しかし、東京本願寺への同調寺院はごくわずかだといわれる。「境内をこんなに切り売りするなんて、お台所は苦しいんでしょうか」。孫を連れて通りかかった近所の主婦はそう言った。

茨城県牛久《うしく》市に計画中の「牛久浄苑」は、起死回生の策かもしれない。一二万坪の造成地に大師堂、阿弥陀堂、多目的ホール、スポーツ広場、そして大量の分譲墓地。最大の売り物は基壇部あわせて一二〇メートルの「世界一の大仏」。像の胎内部にエレベーターをつけ、地上八〇メートル部分に展望室をつける……。レジャー施設のような大仏で人を集め、墓地を売る。「大仏崇拝とは、光紹さんはそこまで教義も信心も変わったのか」とは浅草の大谷派寺院の住職の弁である。

総予算三五〇億円、一〇年がかりの大工事。東京本願寺は『『事業計画はその道のプロに』と牛久浄苑のプロジェクト計画には外部の専門家の〝血〟を導入』、これが「牛久浄苑のシンクタンク的存在」（『中外日報』五月一日付）になるのだそうだ。

その「牛久浄苑」は一九九二年（平成四年）一二月に完成した。その後、一九九六年「宗規」と「憲章」を定め、「末寺」制度を設けた。一九九九年に光紹が死亡すると、その長男である大谷光見（聞如）が第二六世法主を継承し、二〇〇一年四月二六日、本山である「東京本願寺」の名称を「浄土真宗東本願寺派本山東本願寺」（当時、末寺は三百数十寺）に変更。これに対して、真宗大谷派は同年五月一〇日、「東本願寺」名称使用中止を求める申入書を二〇〇一年五月一〇日、同派の東京教区でも二〇〇二年一二月二五日、同様の抗議文を送付した。

その「浄土真宗東本願寺派本山東本願寺」（通称・東京東本願寺）は、宗教法人法に規定される包括宗教法人ではなく単体の宗教法人による任意団体である。真宗大谷派との間には法的な包括関係はない。

「いわゆるお東さん紛争は、開申事件のように笹川良一とか、右翼の暴力団が枳殻邸とかの大谷家の財産を食いモノにするとかな。ヤクザや暴力団がからんでくる場面は、いまはない。松方弘樹の映画問題でのイザコザも終息した」（大谷派住職）

が、近年まで莫大な財産を巡って真宗大谷派の内紛が続いた。たとえば東本願寺の莫大な財産を管理・運営する一般財団法人・本願寺文化興隆財団（前身・真宗大谷派本願寺維持財団）と真宗大谷派との争いである。

本願寺文化興隆財団は、真宗大谷派第二四世法主（門首）大谷光暢の次男である大谷暢順《ちょうじゅん》師が一九七三年、理事長に就任するや同財団から直系の大谷派を一掃。一九八〇年になって名称を「本願寺維持財団」へ変更したのだ。規約も変更し、従来禁じられていた基本財産の処分を可能として、その残余財産を本願寺以外にも寄付が可能としたのだ。また、財団の目的に「納骨堂経営」を加え、京都市山科区に三万坪の「東山浄苑」を造成。一九九二年には、京都駅前の約三〇〇〇坪の土地を近鉄グループに売却（現在のヨドバシカメラ）して、約二〇〇億の収益を得た。

そうした騒動の最中に財団を率いる大谷暢順理事長が「真宗大谷派」を離脱し、宗内はふたたび泥沼に陥った。そのため二〇一〇年七月、真宗大谷派は、「本願寺維持財団」を京都地裁に訴えたのである。一つは、「寄附行為変更無効確認等請求訴訟」で、財団流規約は認められないというものである。もう一つは、「財団が京都駅前の不動産売却で得た二〇〇億円は、宗派が財団に信託していたものだから返せ」という訴訟である。

二〇一二年三月、京都地裁は、二〇〇億円の返還請求について大谷派の請求を退けたものの、定款変更については大谷派の訴えに対して「寄付行為の変更は無効」とし、「この法人の解散に伴う残余財産は本願寺に寄付することが正当」と判断。痛み分け判決だった。判決文によると財団の納骨堂経営など当時の公益目的財産は、二六六億八〇〇〇万円余としている。

双方、控訴し、訴訟は最高裁まで持ち込まれたが、先の訴訟進行中の二〇一二年三月、財団の申請が認められ、「一般財団法人本願寺文化興隆財団」移行したことにより、大谷派は、今度は国を相手取り「一般財団法人認可取り消し請求」と「同認証執行停止申し立て」の提訴を行った。

そして、一五年一二月八日、最高裁は、双方痛み分けの一、二番の判決を破棄、財団全面勝訴の判決を言い渡した。さらに、一般財団法人の認可取り消し訴訟の行政訴訟も、最高裁は大谷派の訴えを棄却。大谷派の敗北は決定的となり、半世紀に及んだお東さん紛争は事実上の終結となった。

これ以降も、大谷派は二〇一六年、財団が運営する「東山浄苑」行きのバス停撤去訴訟を起こした。一七年には、真宗本廟に勤務する僧侶について、「残業代を支給しない」とする違法な覚書を交わし、サービス残業を強いていたことが発覚。ブラック寺院ぶりが世間に明らかになった。

現在、「真宗大谷派」から離脱・独立した宗派は「東京本願寺」「一般財団法人本願寺文化興隆財団」「宗教法人本願寺（嵯峨本願寺）」の三つである。

# 第8章　西本願寺の差別発言でっち上げ事件と権力抗争

## 〝冤罪〟か!?　「酒生《さこう》問題」と呼ばれる差別発言事件を振り返る

「差別発言はなかった」

身内の僧侶から、宗門あげて浴びせかけられた「差別者」のレッテルがようやくはがされたのは、「差別発言事件」発生から五年後、一九九九年（平成一一年）一二月二一日に、大阪高等裁判所で開かれた民事訴訟判決の法廷でだった。

冤罪《えんざい》の被害者は、福井市内にある浄福寺の住職・酒生《さこう》文彦《ぶんげん》氏。酒生氏は、「差別発言事件」当時、宗会議員を七期、総務も四回（うち一回は筆頭総務）務め、宗門校・北陸学園北陸高等学校理事長職に就くなどしてきた、教団の有力者だった。

ところが、「差別発言をした」として糾弾され、宗会議員も除名された。それに対して氏は、「差別発言はなかった。事実無根のでっち上げだ」と主張し、関係者を相手取って名誉毀損《きそん》に基づく損害賠償の民事訴訟を起こしていた。冒頭の言葉は、九九年四月にあった京都地裁の判決と同様に高裁が下した結論である。

「北山別院架空墓地造成事件」「社会福祉法人・岐阜龍谷会事件」など、後に明るみに出る不祥事が水面下で着々と進行していた時期、西本願寺教団内では連続して「差別事件」が発生し、部落解放同盟の糾弾闘争にさらされていた。それは、本山のみならず、全国にある三一教区すべてに及ぶ徹底的なものだった。糾弾の原因になったのは、「三大差別事件」（他の二つは「札幌別院連続差別落書き事件」「東海教区住職差別発言事件」）と呼ばれる連続差別事件である。なかでも、宗門内で最大の差別事件として扱われたのが、「酒生問題」と呼ばれた、酒生氏の「差別発言事件」なのである。

## 「コラッ、このクソ坊主！」の罵声と怒号が飛び交う

発端はこういうことだった。

去る九四年（平成六年）一月一二日夕、京都市内の料理屋で「本願寺派関係学園理事長協議会」の懇親会が催された。三〇人余りが参加したこの会には、酒生氏も、宗門校の北陸学園理事長として出席していた。その際、酒生氏の一人置いて隣に、宗会総務の九折舜壽氏が座っていた。九折氏は、前年九三年七月の宗会議員選挙で連続当選を果たし、九二年に発足した松村総局の総務に就任した。このとき、酒生氏は、松村了昌総長と九折氏ら五人の総務に就任祝い金を贈った。本山では、新しく総長や総務に就任した者に、有志から祝儀金を贈ることが慣例になっていたからである。祝儀金は、本山の秘書を通じて、本山内の執務室にある各総務の机の上に置かれた。

ところがその直後、松村総長と、九折氏を含む五人の総務のうち四人が、祝儀金を現金書留封筒に入れて、酒生氏の自宅に送り返してきたのである。

なぜ返還してきたのか、その理由は説明されなかった。

以来、不信の念を抱き続けていた酒生氏は、祝儀金を送り返してきた総務の一人だった九折氏が、懇親会でたまたま一人置いて隣にいたことから、こう話しかけた。

「私のお金は、今、マスコミで言われているゼネコン汚職のような汚い金ではなかったんですがね」

このとき、酒生氏と九折氏との間ではなんのトラブルも起きなかった。ところが、翌一三日、差別問題を扱う部署として、宗門内の総局の下に設置されている「基幹運動本部」の高倉正信事務局長らに、九折氏は「酒生氏の差別発言があった」と報告。この差別発言については、「第三者も聞いている。後日、問題提起するつもりだ」などと伝えた。

九折氏によれば、懇親会の際、酒生氏との間で総務就任祝い金が返却されたことについての会話があり、酒生氏が「なぜ受け取ってもらえなかったのか」と、問いかけたのに対して、九折氏は「総局の総意としてお返しさせていただいたので、あしからず了承してほしい」と返答。これに対し酒生氏が、「ゼネコンの金と違うぞ。エタの金とは違うぞ」と差別発言したという。この酒生発言は、同席者も聞いていると説明し、一七日午前に開かれた総局会議で、差別問題として正式に取り上げるよう提案したのである。

ついでながら、「エタ」とは中世以降の身分制度下にあった「賤民」身分の一つで、江戸期には〝穢《え》多《た》・非人〟として士農工商より下位の身分に固定。一八七一年（明治四年）太政官布告によりこの呼称・身分が廃止となり〝平民〟籍に編入されたが、その後も社会的差別が存続、「エタ」はその侮蔑語である。一般に居住地や職業が制限され、皮革業に従事する者が多かったという。

そして、九折氏の報告を受けた後、基幹運動本部の高倉事務局長は酒生氏に電話を入れ、「明日、本山に出向くよう」要請した。一八日午後、本山に出向いた酒生氏は、基幹運動本部長の大久保久遠総務、高倉事務局長、藤田誓之部長から事情聴取を受けた。その場では、差別発言があったとする九折氏の証言に対して、酒生氏は、「そんな差別発言はしていない」と否定した。

が、酒生氏の主張は聞き入れられず、以後、基幹運動本部は重大差別事件として、酒生氏に対する調査会・確認会（森本覚修座長）を三度にわたって強行した。

「コラッ、このクソ坊主！」

およそ僧侶とは思えぬ、こんな罵声と怒号が飛び交った基幹運動本部の確認会第一回目は、一月二五日に本山で開催された。松村総長をはじめ、四〇人ほどが出席し、三時間にわたって行われた同確認会でも、酒生氏は「差別発言はしていない」と否定した。

確認会では、発端となった宴席で酒生氏と九折氏の間にいた宗会議員の高橋純勝氏が、「私はその発言は聞いたわけではない」と主張したが、九折氏が「同席者も聞いている」と言った中岡順孝総務（二人の斜め向かいにいた）は、「聞いた」と発言。また、酒生氏の左隣に座っていた、宗門校の一つである成徳学園理事長の高橋省己氏も、「どなたが言っておられるかわからなかったが、『エタ』という言葉を聞いた」と発言した。

後に、これらの「差別発言はあった」とする証言もウソだったことがわかるのだが、確認会は続行され、同月二八日の第二回確認会で、酒生氏は、「真実書」と題する文書を提出し、重ねて差別発言を否定した。

## 〝除名〟を導くべく開かれた「秘密会」の中身

しかし、二月一日、今度は酒生氏抜きで、第三回確認会が開かれた。委員一四人が出席した同確認会は、本人が一貫して否定しているにもかかわらず、「差別発言はあった」とする「答申書」をまとめ、松村総長に提出した。

この答申を受け、二月一〇日、臨時宗会が緊急招集された。「全国から集まった議員には事前に議題も明らかにされず、なんのための臨時宗会か開会するまでわからなかった」（宗門関係者）という異例の宗会だった。また、「宗会では、高齢者が多い門徒議員を別室に集め、『解放団体が介入してくる』と説明し、酒生議員の除名賛成を促した」（同）という話もある。

この宗会では、「確認会」でまとめられた「答申書」が、閲覧時間を三時間に限定して配付されたという。そして、「基幹運動」に批判的な言動をした場合、宗会で処罰することができるとした内容の「宗会基幹運動推進特別委員会設置規定宗則案」が上程され、可決された。この宗則は、効力が発生する日付をわざわざ一ヵ月も遡って発布されたもので、一ヵ月前の酒生発言に適用させるために、ドロ縄式に作られ、上程され、可決された、露骨な言論弾圧の宗則だった。

設置された「宗会基幹運動推進特別委員会」（北條成之委員長）は、確認会がまとめた「答申書」をそのまま追認するかたちで、「宗会議員として許すべからざるもの」と、酒生氏への宗会議員辞職勧告を決定した。本会議もほぼ全員の賛成で辞職勧告を採択した。しかし、酒生氏がこれを拒否したため、新たな策謀がめぐらされた。

手元に、「秘密会」と添え書きがある。酒生氏の除名を決議した第二三七回宗会議事録がある。

議事録の冒頭に、「平成六年二月一〇日（木曜日）午後七時九分本会議公開停止」とあり、有馬清雄議長（当時）が、「ただいまから公開を停止して本会議を始めます」と、「秘密会」に入ることを宣言。すると、すぐに議場から「動議」と叫ぶ声が上がった。声の主は、このころ水面下で進行していた、北山別院架空墓地造成事件の主役の一人、伊井智昭議員だった。伊井氏は当時、宗門校の一つである相愛学園（大阪）理事長の職にあり、「酒生発言」があったとされる本願寺派関係学園理事長協議会の懇親会出席者でもあった。

伊井氏が提案した動議は、懲罰委員会の定数を五人増員し、一〇人にすることを求めたもので、すでに同議員が提出していた酒生氏を懲罰委員会にかけるよう求めた動議とともに、賛成多数で可決された。新たに任命された五人の懲罰委員のメンバーには、反酒生派として知られている複数の有力議員の名前があった。

こうして「秘密会」は、懲罰委員会開催のためいったん休憩。そして、午後八時三〇分に再開されると、武野以徳・懲罰委員会委員長が、次のように委員長報告を行った。

「平成六年一月一二日の『本願寺派関係学園理事長協議会』懇親会席上における、酒生文彦宗会議員の発言について、本懲罰委員会において慎重に審議検討いたしましたところ、基幹運動推進上、宗門内外に与える影響は深刻かつ重大なものと思量されるという結論に至りました。ここにおいて本懲罰委員会は、宗会規程七六条第四号の『除名』処分とすることに全会一致で決定いたしました」

そして、武野委員長の報告を受けて質疑に入ったが、ここで伊井議員が再び動議を提出した。それは、採決は記名投票にするというものだった。伊井議員の動議は採択され、記名投票による採決となった。無言の脅しだった。記名であれば、賛成か反対か個人名でわかるからである。

投票の結果、本会議出席者六八人全員が賛成の白票を投じて、酒生氏の宗会議員除名が決定した。

## 〝辞めなければ「同和団体」が糾弾に来る〟とした真相隠蔽のための恫喝

「除名」は、宗会の懲罰の中では最も重い措置で、宗政史上まれな懲罰である。にもかかわらず、「秘密会」の議事録を見るかぎり、誰一人として質問していない。明らかに異様な雰囲気のもとで進められた除名劇には、背景があった。

たとえば、設置された「宗会基幹運動推進特別委員会」で、委員の一人が「本人が発言を否定しているなかで審議を進めても人権上問題ないか」と質問したのに対して、松村総長は「私的裁判だと言われても仕方ない。しかし人権問題は人権擁護局や司法の場に本人が訴えて自らの人権を護《まも》ることができる。我々宗門は基幹運動の立場から対処すれば良いと思う」（宗教専門紙『文化時報』九四年四月二日付）と、開き直ったうえ、処分決定を急いだのは、「他の団体から事実確認をするという現実が迫ってきている。そういう現実の中での選択であったわけだから理解頂きたい」（二月二一日開会の定期宗会での松村総長答弁、同紙）。

松村総長の発言に出てくる他団体とは何か。「事件」の当事者である酒生氏は、こんなことがあったと明かしている。

「『差別発言はあった』とする『答申書』をまとめた第三回目の『確認会』があった翌日、松村総長に呼び出されました。そこで松村総長は、『差別発言をしていないことは了解した。だが、ここまで騒ぎが大きくなってしまったので、反省の意味で北陸高校の理事長を辞めてくれ。そうしないと全国の同和団体が糾弾にやってくる』と言ったのです」

つまり、事件を捏造したことを自ら明かすとともに、真相を隠蔽するため、『同和』の名前を騙《かた》って恫《どう》喝《かつ》したというのである。

語るに落ちるとは、このことを言うのだろう。

もともとがでっち上げから出発しているわけだから、どうしても無理が出てくる。

たとえば、酒生氏を除名処分にした臨時宗会の一〇日後の二月二一日、春の定期宗会が開会したが、このとき、「酒生問題」に対する宗会の対応は、一八〇度転回、一変してしまっていた。

酒生氏の除名に奔走した基幹運動メンバーや松村総長らが、なんと、「除名」措置に異議を申し立てたのである。

同宗会では、急遽、議員全員を対象にした基幹運動本部研修会を開き、同本部のメンバーが講演した。このなかで、「差別発言」確認会の座長を務めた森本氏は、「一宗議の差別性の問題だけではなく、教団全体の差別性に関わる問題」「後の対応のことを考えれば、（除名）は得策ではなかった」と述べたのである。

なぜ、態度を急変させたのか。実は、臨時宗会で「除名」を決めた後、基幹運動の高倉事務局長と藤田部長の二人が、部落解放同盟本部に出向いて、「酒生問題」を報告していた。西本願寺側とすれば、宗門内で起こった「差別事件」に対し、迅速に、しかも最も重い処罰で対処したことで、解放同盟から「よくやった」とお褒めの言葉でももらえると思っていたのかもしれない。ところが、解放同盟の評価はまったく逆だったのである。

伝えられるところによると、応対した解放同盟の坂本義信・総務部長は、個人的見解としてこう述べたという。

「なぜもっと早く同盟に説明しに来なかったのか。

除名ではなく、本人の意識変革をはかる取り組みが必要ではないか。

酒生議員だけではなく、宗会、総局としてどんな責任を取るつもりか。

当事者が発言を認めていないなら、解放同盟として独自に確認会を持つ必要があるかもしれない。

事実が確認された後、本山に対する糾弾会を持たざるをえないと思う」（『宗教と平和』九四年六月一日号、宗教家・鈴木徹衆氏のレポート「西本願寺宗会議員除名処分に思う」より）

とんだヤブヘビだったわけである。評価されるどころか、宗門が糾弾されることを告げられたのである。定期宗会での「除名措置は適切でなかった」との突然の豹変《ひょうへん》については、宗門関係者の一部では、「解放同盟の『酒生除名』批判を免れることが狙いではないか」と言われた。

## なぜ西本願寺は部落解放同盟に怯えるのか？

ここで、なぜ西本願寺が、部落解放同盟にそこまで怯えるのか、その関係についてふれておきたい。

一九七九年（昭和五四年）に開かれた「第三回世界宗教者平和会議」（米国・プリンストン）で、町田宗夫・全日本仏教会理事長（曹洞宗《そうとうしゅう》宗務総長、当時）が「今の日本には部落問題はありません。部落とか部落解放とかいうことを理由にして、何か騒ごうとしている人たちはあるようですが、一部の人たちの意識の中にはいくぶん残っているとしても、日本には今、そういう差別はありません」と発言した。それを部落解放同盟が「差別発言」として取り上げ、糾弾したことをきっかけに、宗教界全体が抱える部落差別問題がクローズアップされることになった。

町田発言から二年後の八一年、日本の宗教教団のほとんどを網羅した『同和問題』にとりくむ宗教教団連帯会議」（略称、同宗連）が結成された。こうしたなか、解放同盟から、寺院にある門信徒の過去帳や墓石などに刻まれた戒名《かいみょう》が「差別を温存助長する表示になっている」と指摘され、日本の仏教界全体の取り組みとして、八三年に過去帳や差別法名・墓石調査が実施され、西本願寺も同年、これを行なっている。

一方、同じ年に、奈良県内の本願寺派住職が、一〇年前の七三年に門徒に対して差別発言をしていたことが問題化し、宗門内で「同和問題」に対する取り組みの強化が強調される。そして八五年（昭和六〇年）には、部落解放同盟が進めていた「部落解放基本法」制定要求国民運動中央実行委員会の会長に大谷光真門主が就任するなど、宗門をあげて、解放同盟と運動をともにすることになった。

翌八六年になると、先にもふれた「基幹運動本部」が発足。八八年一一月には、宗門として『同和問題』に関する『住職意識調査』を実施した。

そうしたなか、九三年（平成五年）四月に「東海教区住職差別発言事件」が起こり、部落解放同盟三重県連が中心となって糾弾会が行われた。そして糾弾が続く最中の九四年一月に起こったのが「本願寺派関係学園理事長協議会における差別発言問題」、つまり〝酒生問題〟なのだった。さらに同じ年の七月には「札幌別院連続差別落書き事件」が、九五年七月には「本山・宗務総合庁舎内差別落書き事件」が起きている。

こうした連続〝差別〟事件の発生に対して、部落解放同盟中央本部は、西本願寺本山に対して、九四年一〇月から九五年九月まで計四回の糾弾会を行ない、各教区でも点検糾弾会を実施。この各教区での糾弾会報告をもとに、九六年八月一日、本山宗務総合庁舎で、解放同盟側、本山側、合わせて三〇〇人による第五回糾弾会を行い、「浄土真宗本願寺派連続差別事件糾弾会」は終結。翌九七年一月、西本願寺側から「連続差別事件」に対する「総括書」が提出された。

## 本山の裏切り行為と裁判での「差別発言なし」の結着

話を元に戻す。宗会議員を除名された酒生氏は、三月二四日、処分には納得できないとして、京都地裁に地位保全の仮処分の申し立てを行った。五月二四日、同地裁は、「差別発言はなかった」とする酒生氏の言い分を認め、先の臨時宗会での宗会議員除名決議の効力停止を決定した。

本山は、この判決を不服として異議を申し立てたが、九五年一〇月二日、裁判所の勧告で両者は和解する。その内容は、双方が裁判所への申し立てを取り下げること、酒生氏は、宗会の混乱回避のため自ら辞任すること（つまり、除名はなかったということ）、教団はこの件に関して、酒生氏に不利益を課さないこと、本山は和解を宗報などで公表すること、となっていた。

これで事態は一件落着かと思われた。

ところが、である。またしても、本山が裏切り行為に出た。

和解直後の九五年一〇月七日、中山知見広報部長名で、「酒生文彦氏差別発言問題に関する和解について」と題する次のような宗派談話を発表したのである。

「（酒生氏が訴えを取り下げ、宗会議員を辞任したということは）酒生氏が自らその発言をしたという非を認めたことであり、同時に宗会として行った除名処分が正当であったと自らが認めたことを意味します」

天にツバするとはこんなことを言うのだろう。宗派の見解に合わせて、基幹運動本部も、①酒生氏は差別発言をした、②宗会での除名処分は、正当な措置だった、③酒生氏の意識改革を求める——との三原則を堅持すると、宗門の機関紙で表明した。

上杉佐一郎委員長

酒生氏は、和解と本山裏切りの経過について、こう振り返る。

「和解の内容は、今は亡くなっていますが、解放同盟委員長をしていた上杉佐一郎さんが提示してくれたものです。

当時、私は福岡県の上杉さんの事務所に行き、上杉さんから、『解放同盟としては、酒生文彦さんの発言はなかったものと受け取っております』と言われ、和解の条件として、『私は差別発言をしておりませんが、酒を飲んでいたうえのことですので、相手方に不快感を与えたとすればお詫びします。これだけ言ってくれ』と言われたんです。差別発言はなかった、しかし、飲んでいたから、相手方に不快感を与えたということなら、この和解条件を認めましょうということにしたんです。和解条件には、ひき続き北陸学園理事長の職に就いてもらう、といったこともついていました。

それで、この和解条件を本山の基幹運動本部事務局の岩本孝樹現本部長のところに持っていきました。岩本本部長は、『私が案を作ります』と引き取って、出してきた和解案は、後の部分は合っていましたが、最初のところがとんでもない内容になっていたんです。『差別発言について、宗会が除名したことは得策ではなかった』という文句が入っていたんです。

これでは、差別発言はあったということになり、私は認められない、ということになり、御破算《ごはさん》になったんです」

和解が吹き飛んだことで、両者は再び法廷で争うことになる。

一方、宴席で酒生氏が「差別発言」をした、と主張していた九折氏は、「侮辱された」として酒生氏を相手取り、名誉毀損の損害賠償訴訟を起こした。これに対して酒生氏は、「差別発言をでっち上げた」として、九折氏と、「差別発言はあった」と証言した中岡順孝氏の二人を名誉毀損で訴えた。

九九年四月二二日、両者の訴えに対する京都地裁の判決があった。

判決は、双方の訴えを棄却するとしたが、最大の焦点だった酒生氏の差別発言はなかったと認定した。「差別発言があった」と主張し、酒生氏を除名までした、九折氏と本山が敗訴したのである。九折氏は、京都地裁判決を不服として控訴したが、冒頭で書いたとおり、大阪高裁判決でも、酒生、九折両氏の訴えは双方とも棄却されたものの、九折氏側の主張は「採用しない」と退ける一方、酒生氏と証人である高橋純勝氏の供述、証言はすべて「採用する」として、「差別発言はなかった」と認定。酒生氏が地裁に続き、勝訴した。差別発言は、九折氏の右耳の難聴を理由に「誤信《ごしん》」とされた。訴訟は、九折氏側が上告しなかったため、二〇〇〇年一月一二日に判決が確定している。

## こうして「差別発言」は捏造されていった

ここで、酒生氏勝訴が確定した控訴審判決の原判決となった京都地裁判決（九九年四月二二日）の内容について ふれてみたい。子細に見ていくと、差別発言がどうやって捏造されたのか、よくわかるからである。

まず、「差別発言はあった」とする九折氏の供述。

懇親会が始まって二〇分くらい経ってから、酒生氏から、両者の間に座っていた高橋純勝・宗会議員の背中越しに「九折、あんたならわかるだろう」と話しかけられた。酒生氏は興奮ぎみで、メガネが曇っていた。「何がわかるのか」と聞き直したところ、酒生氏は「差別するな。僕が贈った金を何も言わずに返してきたじゃないか。誰が贈ってもあのような返し方をするのか。受け取る者もあるんだろう」と言い返し、「受け取る者もある」と答えると、酒生氏は「受け取る者は受け取っておるし、返す者は返すし、差別しているじゃないか」と言った。それで、「返し方は全然知らなかったので、返すのが悪ければ謝る」と言ったところ、酒生氏は「あんな返し方があるか。うちの家内はカンカンになって怒っておるんや。今度の宗会で問題にしてやる。あの金はゼネコンの金と違うぞ。エタの金でもないぞ」と言った。

しばらくして、同じ総務の中岡氏が前にやってきて、大声で酒生氏と話し始め、酒生氏が中岡氏に言葉激しく何か話をしていたので、話を聞くために中岡氏から見て左側に移動し、座って話を聞いた。酒生氏は「うちの家内はカンカンになって怒っている。あの金はゼネコンの金と違うぞ」と言い、さらに、「エタの金でもないぞ」と言うのを一回聞いた。これを聞いた中岡氏は、「そんなことを言うな」というふうに手を挙げて制止していたが、酒生氏はこれに気づかず、発言をやめなかった。このとき、酒生氏は興奮し、メガネは曇り、顔色が変わって青ざめていたが、大声ではなかった。

酒生氏は、さらに、宗会でゼネコンの金、エタの金ということのほか、あれこれ「問題にする」と言っていたので、中岡氏は「そのようなことは基幹運動本部の本部長である大久保総務に聞いたらいい」と言い、酒生氏は大久保総務の席に向かった。酒生氏について大久保総務の席まで移動したが、大久保総務は「そのようなことは基幹運動本部の問題ではない」として、酒生氏の話に取り合わなかった。

九折氏は、(なぜ、その場で抗議しなかったのかについて)本山の総務として協議会出席者を招待する側であったので、懇親会の席上、酒生氏の「エタの金」という発言について抗議しなかった。また、中岡氏に確認することもなかった。

帰宅してから、酒生氏の「エタの金」との発言が聞き間違いではないかと眠らずに悶々と考えたが、中岡氏に確認することはしなかった。

翌一三日朝、本山に出勤し、総務室で中岡氏に、「昨夜《ゆうべ》の話、聞いてましたか」と尋ねたところ、中岡氏は「聞いたよ。あんな大事な話、聞いてないとは言えんな」と答え、さらに、酒生氏の隣に座っていた成徳学園理事長の高橋省己氏に確認するようにと、助言した。九折氏は、高橋省己氏に電話をかけ、「あの席上お話を聞いたことをどう思われますか」と尋ねたところ、高橋省己氏は、「エタの金という言葉を聞いた。誰が言ったかわからないが、おかしいことを言う人だと思った」と答えた。

中岡氏と高橋省己氏の確認が取れたので、同日午前九時三〇分ごろ、基幹運動本部の局長、部長に対して、「前日、差別発言があり、二人の人に確認をとった」と報告した。さらに、同日午前一〇時ごろ、本山人材育成対策事務所長で宗会議員の高橋純勝氏に「差別発言」の有無を確認したが、高橋氏は「聞いていない」と答えた。

次は、「差別発言はあった」と証言し、九折氏とともに「でっち上げた」として、酒生氏から名誉毀損で訴えられた中岡総務の供述である。中岡氏は、酒生氏が贈った総長と総務五人への祝儀金を、唯一、返還しなかった総務である。

懇親会が始まって二〇分が経過したころ、九折氏と酒生氏が高橋純勝氏の背中越しに話しているのが見え、その話が終わったとき、酒生氏と視線が合い、酒生氏が手招きをしたので、酒生氏の前に移動した。

そこで、酒生氏は、「お前はええにゃ」と言い、「何がいいのか」と聞くと、「お前はなあ、もう返してくれへんから、お前には関係ないことやけれども、わしは腹立ってしゃないんや。これは、わしが祝いした金をみな返しよったんや。これは宗会で問題にしたんならん。差別問題や」「また他にも宗会で言わんならんことがある」「うちの家内の怒っているんや。現金封筒も持っとんのや。大変けしからん」と続けた。

「何がけしからんのか」と聞いたところ、酒生氏は「わしの祝いの金を書留で何も書かんと送り返してきよったんや。それで証拠品として持ってるんや。そないにわしの金はゼネコンの汚い金かい。エタの金かい」とメガネを曇らせ、怒鳴るような声ではないが、だんだんと大きな声で発言した。知らないうちに九折氏が右隣に来て座っていたので、「えらいことを言う」と思い、「エタ」という発言をやめさせようとして手を挙げて酒生氏を制止しようとしたが、酒生氏はこれに気づかず、「エタ」と二、三回発言した。

そのとき、右斜め前を見ると、初対面の高橋省己・成徳学園理事長と視線が合った。高橋省己氏は、「おかしなことを言うな」という顔をしていた。酒生氏の興奮は収まらず、宗会で、祝儀金返還問題を差別問題として取り上げ、また、「今の宗政の問題点をとことん追及する」と発言を続けたため、「差別問題として基幹運動で問題にするなら、基幹運動本部長の大久保総務のところに行って文句を言ってくるよう」答えたところ、酒生氏は席を立って、大久保総務のところに行った。

翌一三日午前九時ごろ、総局室に出向いたところ、篁昭観総務と九折氏がおり、九折氏が「中岡さん、昨日のあの話は聞いてます」「酒生さんのあの発言は聞きましたね」と言われたので、「証人にはなるが、自分以外にも隣にいた（高橋省己）理事長の方にも酒生さんの発言を聞いたかどうか、すぐ電話を入れて聞くよう、助言した」。

この際、篁総務も「中岡さん、もしもそれ聞かへん言うたら、これ問題やもんな」と発言した。

九折氏から、「差別発言」があったかどうか確認を求められた高橋省己氏は、こう証言した。

「懇親会の席上、『エタ』という言葉を聞き、『本願寺の偉い人の集まりの席で、何ていうことを言うのか』ということで記憶に残っている」

## 「真相の告白」に加えられた攻撃の経緯

さて、「差別発言をした」として、宗会議員を除名された当の酒生氏は、どう供述したのか。

懇親会が始まって一〇分くらい経過したころ、九折氏に対し、高橋純勝氏の背中越しに、「九折総務さん」と話しかけ、「こんな席でつかぬことをお尋ねしますが、昨年七月ごろ、お祝いをお贈りしましたところが、現金で返されてきました。ひょっとして九折総務は（祝儀金を贈ることが慣例になっていたことを）ご存知なかったんと違いますか」と問いかけたところ、「あれは済まんことをしました。初めて総務になったんで詳しく知らなかったが、他の人から言われて、こういう返し方をするのがしきたりかと思いました」と答えたので、半年ほど胸につかえていたものがすっと取れるようなうれしさを感じ、九折氏の左手の甲を右手で握り、「それだったらいいんです。いいんです。いいんです」と言った。

さらに、九折氏に「他の方からもお祝いをもらわれたんでしょう」と聞くと、「もらいました」と答えたので、「じゃあ、他の方にも現金でお返しになったんですか」と聞いたところ、「いや、他の方には念珠とか物でお返ししました」と答えたので、愚痴《ぐち》めいて「ああそうですか。私だけが現金を送られたんですね。残念ですね。私は純粋にお祝いのつもりで贈ったつもりですのに。あれはゼネコンの金のような汚い意味で贈ったんではないんですけれどもね」と言い、そこで九折氏との話は終わった。

九折氏との話が終わって、松村総長のところへ挨拶に行き、祝儀金が返されたことについて軽く話をして席に戻った。そこへ、中岡氏が酌をしにやってきて、「わしは返してまへんで」と話を始めたので、「それは当たり前、私もお互いにもろたり返したりしてるやないか。あんた別に返さんでもええがな」と答えた。話をするうちに祝儀金が返されたことを「次の宗会で問題にする」と言ったところ、中岡氏は「子どもじゃあるまいし、ここで話したらええやないか」と言って手を振って発言を抑えるようにした。

さらに、中岡氏に「自分だけ祝儀金が現金で返されたのは嫌なことである。差別ではないか」と話をしていたところ、中岡氏は「差別の話はわしの仕事ではない。大久保さんが基幹運動の本部長やから、大久保さんに聞かはったらどうです」と言った。しかし、地元福井で同窓会が予定されていたために、それに間に合うよう帰る時間も迫っていたので、松村総長に中座《ちゅうざ》の挨拶をして、大久保総務のところで、祝儀金返還問題について少し話をしたが、同総務から「そんなもん差別やないで」と言われ、そのまま福井に帰った。

酒生氏の供述によると、「差別」を訴えたのは酒生氏のほうで、先の九折氏、さらに、「差別発言を聞いた」と証言した中岡氏の話とまるっきり反対になる。

さらに、中岡氏が手を振って止めようとしたのは、祝儀金返還問題を宗会で問題にするとしたことに対してであったと主張しているのに、九折、中岡氏は「差別発言」に対してのものだったと、内容がまったく違っていた。

言葉づかいも、九折氏は「九折」と呼び捨てにされたと供述しているが、酒生氏は「九折総務さん」と敬称をつけて話しかけている。双方の言い分は真っ向から対立していた。

## 「差別発言を聞いていない」証言者への圧力と「難聴」の診断書

懇親会の席で酒生氏と九折氏との間に座っていた高橋純勝・本山人材育成対策事務所長は、本山で行われた「確認会」でも、「差別発言は聞いていない」と一貫して主張していた。その高橋純勝氏は、法廷でこう証言した。

懇親会が始まって間もなく、酒生氏が九折氏に、自分の背中越しに話しかけ、両名が少し顔を寄せながら話をしていた。その時点では、宴会自体が静かで、普通の大きさの声で充分応答できる状態であった。

酒生氏は、九折氏に「九折さん」と呼びかけ、「私のお祝い金をなぜ返されたのですか」と問いかけた。

九折氏は、「あのことはすまなかった」と答え、酒生氏が「あなたはいつもそのようなかたちで返されるんですか」と聞くと、「実はもらっていいものかどうか、先輩の総務さんたちに尋ねました。そしたら、これはもらっておける金ではないから返そうと思っていると言われたので、じゃ、私のも一緒に返してくださいということで返しました」と答えた。

酒生氏が「いつもそういうかたちで返されるんですか」と再び問い返したところ、九折氏は、「いや、私個人は代物、その金銭に見合うお返しの品物で返してきておりました」と答えた。これに対して、酒生氏は「あれは返してもらう金じゃない。あれはゼネコンのような汚い金と違うんだから、返してもらわんでもいい金なんだ」と言い、九折氏が「だから、ああいう返し方をしてすまなかったと思っている」と答えたので、酒生氏は「いや、わかってくれりゃいいんだ」と言って、両者の会話は終わった。

その後、酒生氏は、高橋純勝氏に、「この問題は不愉快だから、次の定期宗会には問題にして質問しようと思うが、どうか」と問いかけて、松村総長の席に行き、同総長に、「総長も返金してきたが、どういう意味だったか、次の定期宗会で質問したい」と話していた。

酒生氏が雛壇の他の総務らに酌をして、自席に戻ったところ、中岡氏が酒生氏のところへ来て話をしていた。酒生氏は中岡氏に、「返してもらわなければならないほど、ゼネコンのような汚い金とは違うのだから、受け取ってもらって何ら差し支えのない純真なお金なのに、なぜ返されたのか腑に落ちない。どういう意味なのか、定期宗会で真意を質そうと思う」と話していた。これに対して、中岡氏は、酒生氏が定期宗会で祝儀金を返還した真意を質そうとしているのを制止する趣旨で、手を上下に振った。その時点で、宴会はたけなわであったので、酒生氏の声は多少高かった。また、自分のもとに三名ほど、短時間、酌をしに来ていた。

その後、酒生氏は、大久保総務の席に行き、早めに懇親会から中座した。

高橋純勝氏の懇親会にまつわる証言の概略は以上だが、実は、「差別発言は聞いていない」と証言したこの高橋氏に対して、「これがお坊さんのすることとか」と、事実を知れば誰しもが驚くほど、激しい攻撃や圧力がその後かけられていた。

高橋氏が裁判所に提出した陳述書や法廷での証言によると、それはまず、宴席のあった翌一三日朝から始まった。

朝の法要が始まる午前五時半過ぎ、本山参拝部に行ったところ、そこにいた九折総務に呼ばれ、宝物室に連れていかれ、「昨日、酒生がエタの金と違うという発言をしているんや。聞いておられるでしょう」と尋ねてきたという。このことが後に重大問題になるなどとは考えてもいなかった高橋氏は、まったく意にも介さず、「あーそうですか。私は聞いていませんしね」と正直に返事したところ、九折総務は怒ったような顔をして、「ほーか」「ほーか」と何回か言い、最後は「ほなら話にならんわ。話が違うな」と呟くように言って別れたという。

ところが、話はここで終わらなかった。高橋氏は、教団トップの松村総長から呼び出しを受け、新たな捏造が図られることになるのである。九折氏に問いただされてから一週間後の一月二〇日のことだった。

「お前が聞いていないなら、なぜ聞こえないんや、聞いてないんや」「言っているのに聞いてないことになれば何かあるなー」「お前は局員の一人やから、聞こえないということは何かによって聞こえてないんだから証明書を出せ。それを出さないとお前まで差別者になるぞ」

松村総長の詰問により、高橋氏は、「聞いていない」と九折氏に答えたことが重大な問題になっている事実を初めて知った。この場で高橋氏は、謙遜する意味で左耳が遠いと説明し、やむなく、知り合いの医師に頼んで証明書を出すことにした。その医師は「なんでそんな証明書を出さなければならないのか」と不思議がったが、「とにかく差別者にならないというので」と事情を説明し、難聴の診断書を書いてもらったという。

松村総長からの圧力があった前後、中岡総務からも、「差別発言」を聞いていないのは、暗におかしいといわんばかりに、こう言い寄られたという。

「私が手を上げ下げしていることは見て知っているやろ。それは認めるだろ。見ているということは、言っているから制止しているんだ」

高橋純勝氏が「難聴」の診断書を発行してもらったのは、三月中旬になってからだった。松村総長に呼ばれ、証明書を提出するよう言われてから、二カ月が経っていた。当然、高橋氏には、躊躇《ちゅうちょ》するところがあったのだろう。

ところが、その途端、九折氏がこんなことを言い出したという。

「『身体に欠陥のある者を要職に就かすことはおかしいのではないか』と、選挙区の人の声がある」

これこそ差別というべきだろう。酒生氏の発言に対し、「夜も眠れず、悶々として悩み、中岡総務に確認したいと思い、朝が来るのが待ち遠しかった」という九折氏の言葉とはとても考えられなかった。高橋氏は、宗会では松村氏と同じ派閥に属し、また、本山総局の一局員として協力する立場から「難聴」の診断書を提出したが、九折氏の発言により、会派にいづらくなり脱退。同年暮れの一二月一日付で、本山教育対策事務所長の役職を退くに至ったのである。

## 善意の「陳述書」に再度の冤罪という繰り返し

捏造されたのは、「難聴」だけではなかった。酒生氏が京都地裁に、「宗会議員の地位保全の仮処分」を申請した後の四月上旬、高橋純勝氏は本山基幹運動本部事務局長・高倉正信氏宛てに、「陳述書」を提出している。

この「陳述書」では、「難聴」を理由に「聞こえなかった」と述べるとともに、酒生氏が電話で「エタの金等のことを言っていない、と言ってほしい」（一月一九日夜）と頼んできたような記載があるが、後に高橋氏が酒生氏側弁護士に提出した「陳述書」（九四年一二月二〇日付）によると、「正確に言えば、『あなたの記憶通り正直に言って欲しい』と言われ、私が『聞いていない』と答えたら、『エタの金等のことばは聞いていないなら、聞いていないとだけ言って欲しい』と言われただけのものでした。この陳述書（基幹運動本部に提出したもの）は、私も当時の状況から細部をチェックして訂正を求めるまではしておらず、不正確であることは事実です」と、記述している。

高橋氏は、本山基幹運動本部に提出した「陳述書」について、法廷で「自ら進んで作成したものではなく、本山職員である藤田某が作成したものに署名押印したもので、不正確なものになっている」とも証言している。

ところが、高橋純勝氏が弁護士に提出した前述の「陳述書」が、第二の冤罪を生むことになる。この「陳述書」は、九五年二月八日、酒生氏が起こした「宗会議員の地位保全の仮処分」申請の準備書面として京都地裁に提出され、その内容を本山側が知ることになる。それには、「難聴」について、こう記載していた。

「私も局員側の一員として協力してきた訳で、基幹運動本部に提出した陳述書（平成六年四月九日付）にも、難聴という理由をつけて聞こえなかった旨述べておりますが、それが真実でないことは既に述べたとおりです。また、昔、中耳炎を患い若干左耳が右耳より遠いのは事実ですが、日常会話に何ら支障はありません。そのことは、他の宗会議員に聞いてもらっても明らかで、医師からも後日その旨の証明書をもらっております」

そして「陳述書」は、こう結んでいた。

「最初は総局側にいることもあって、難聴ということを口実に『差別発言は聞き取っていません』等と消極的な発言をしましたが、今日まで酒生氏は大変だなあと思い続けて参りました。今回正直に事の一部始終を話すようになったのは、酒生氏に対し、本当に申し訳ないことをしたという自責の念からでもあります。以上、酒生氏が問題になっている差別発言をしたことはありません。右証明します」

高橋氏の良心に基づく真相告白により、本山側の「差別発言はあった」とする論拠が音を立てて崩れたのである。

高橋氏に対する猛烈な攻撃が開始されたのは、その直後からである。

二月二一日に開会した第二四二回定期宗会で、高橋氏は、「酒生氏は差別発言をしていない」と酒生氏を利する証言をしたとして、新たに「差別者」とされ、懲罰委員会にかけられることになった。さらに、「宗門を混乱させた」として、宗門の裁判所にあたる司法機関、監正局に訴えられた。

懲罰委員会は、高橋氏を酒生氏と同様、宗会議員除名に持ち込もうとしたが、高橋氏はその前に自ら辞表を提出、議員を辞職した。

当時の宗教専門紙は、高橋氏の心情をこう伝えている。

「私は本当の事を言っているのにそれが宗会には通じない。そんなところに議席を有する必要はない。（辞表は）私の議員生命を賭けての抗議だ」（『中外日報』九五年三月一一日付）

五年後の二〇〇〇年（平成一二年）三月、監正局は、高橋氏に「反則とならない」と無罪の審決を言い渡している。

冤罪は繰り返されたのである。

## 本山ぐるみで行われた偽造文書作成

さて、話を酒生氏の地裁判決の内容に戻す。判決は、関係者の証言、供述について検証しているが、子細に見ると、差別発言でっち上げのため、本山ぐるみで二重、三重に捏造が繰り返されていたことが、ここからもよくわかる。

まず、「懇親会の席上、『エタ』という言葉を聞き、『本願寺の偉い人の集まりの席で、何ということを言うのか』ということで記憶に残っている」とした成徳学園理事長の高橋省己氏の証言。

氏は差別発言だとする具体的言葉について、「エッタ」ではないかと問われると「わからない」と証言し、結局、いかなる言葉を聞いたのか曖昧《あいまい》で、懇親会の何時ごろどのような話の流れの中で発言があったのか明らかではない。酒生氏が右隣に座っていたことも覚えていないとし、成徳学園の理事でもある酒生氏とは当然顔見知りであるはずなのに、面識があるかどうかについても「記憶がぼやけている」と答えるなど、証言内容が曖昧で具体性を欠いていた。

また本山側からは、「エッタ」という言葉を聞いたとする高橋省己氏名義の陳述書、「懇親会の席上差別用語を聞いた」と高橋氏が話しているのを聞いたとする本山関係者の柴野文夫氏の陳述書、「差別用語を聞いた」という高橋氏の話を柴野氏から聞いたとする同・山田和夫氏の陳述書、差別発言の話を柴野氏から聞いたと山田氏が話をしたのを聞いたとする豊原大成宗会議員の陳述書が地裁に提出されている。ところが、肝心の高橋省己氏は、「差別発言を聞いたと、柴野氏に話した記憶はなく、また、高橋省己名義の陳述書の作成経緯はよく覚えていない」と証言するなど、各陳述書の信憑性に疑義が浮上した。

本山はウソの上塗りをかさねたうえ、それでも足りないとばかりに、せっせと何枚も偽造文書を作成したようだ。

次は「差別発言」を本山に〝告発〟した九折氏と、「差別発言を聞いた」という中岡氏の証言について。

判決は、九折氏と中岡氏の供述は大筋で一致しているが、その供述によると、酒生氏は「エタ」という言葉を少なくとも三、四回口にしていることになる。しかし、懇親会はなんら滞りなく進行し、誰も差別発言があったと問題にすることなく終了していることからすると、「差別発言」は、前後の流れからみて突出した存在で、奇異の感を否めないとして、両者の供述には以下の点で、疑義があるとした。

一つは、九折氏が中岡氏の隣に移動し、そこで、酒生氏が「エタの金」と差別発言したという供述である。

九折氏は陳述書で、酒生氏が「エタの金とは違う」と何度も繰り返したと主張していたが、本人尋問では一回であると変更した。さらに、中岡氏の右側に移動したところでも、「差別発言を聞いた」と陳述書では記載していたが、本人尋問では中岡氏の左側に移動したと、これまた矛盾する供述をした。しかも、左右どちら側に座ったかでは、九折氏と中岡氏とは相反する供述をしていた。

また中岡氏は、酒生氏が中岡氏に対し、「エタの金」と二、三回、発言したと供述していることから、九折氏の供述どおりであれば、酒生氏は九折氏がいない席で、「エタの金」と一回は発言したことになる。判決はこの点について、酒生氏が中岡氏に「エタの金」と発言する動機はなく、不可解だと指摘している。「差別発言はなかった」と証言した高橋純勝氏も酒生氏も、このとき、九折氏は中岡氏の隣に移動していないと証言していることと合わせ、判決は結局、九折氏が中岡氏の横に移動したとする供述は疑わしいと断定した。

また、九折、中岡両氏とも、酒生氏は「顔色を変え、メガネを曇らせるほど興奮していた」と供述していた。

## 〝作り話〟だったと結論づけられた判決

しかし判決は、「(酒生氏は) 本山の要職を長年務め、本山の総務として差別問題に取り組んだ経験を有するものであって、中岡 (氏) はもちろん、九折 (氏) に対して、懇親会のような公的な席で『エタの金』という言葉を用いる動機が薄弱と考えられる」としたうえで、「懇親会の会場は、未だ比較的静かであったのに、差別発言を聞いたとするのは三名だけで、松村総長ら他の出席者は（酒生氏の）差別発言は聞いていないのであって、（酒生氏が）興奮していたとするのは不自然である」と指摘した。

また、九折、中岡両氏は、「酒生氏の声は大きくなかった」と供述しているが、自制心を失い、中岡氏の制止にも気づかなかったとされる酒生氏の声が、大きくなかったとするのも不自然として、辻褄《つじつま》合わせと断定している。

さらに判決は、両者が差別発言を聞いたとしながら、ただちにその場で指摘しなかったことについても、「不自然」としている。

この点について九折氏は、「懇親会で理事長らを招待する側だったので、雰囲気を壊さないよう指摘するのを避けた」と、苦しい言い訳をしていた。また、現場で指摘しなかった理由を、「（中岡氏が）手を振って発言を制止していたので、確認の必要はないと思った」と供述する一方で、「（中岡氏に）確認したかったので朝が来るのが待ち遠しかった」と、矛盾した供述をしているうえ、中岡氏には確認の電話を入れていなかった。誰が見ても不自然で一貫性がなかった。

判決は九折、中岡両氏の供述の疑義について、さらに糾している。

先にもふれたが、「差別発言」に関して、懇親会の翌日の一月一三日朝、九折氏は、中岡氏の勧めで、第二の証人として、高橋省己・成徳学園理事長に確認したとされている。この経緯について九折氏は、「（酒生氏の）左横に座っていた人物が誰であるのかをその時はまだ知らなかったので、（本山）学事部でその人が高橋省己氏であることを確認し、副校長をしていた神戸女子学院に電話をかけ確認したところ、差別発言を聞いたと述べたので、本山基幹運動本部に対して問題提起をした」と供述していた。

ところが、同じ九折氏の陳述書によれば、「午前八時五〇分より朝礼があり、それが終わった後、基幹運動本部で高倉正信局長、広川智尊相談員に差別発言の内容について話をし、後日問題提起することを述べ、総務室に帰りました。午前一〇時頃中岡総務より、『昨夜、酒生文彦氏の左隣に座っていた人は、あなたの教区（兵庫県）の成徳学園の理事長高橋省己氏だから確認を取ったら』と申され」となっており、法廷での証言とは明らかに矛盾していた。

さらに、九折氏は陳述書で、このとき、高橋氏は「エッタ」と発言したと聞いたと記載していたが、公判の本人尋問では、「エタ」と聞いた、と証言。その後、「エッタ」と記載した自らの陳述書を示されるや、「エッタ」と聞いたと、証言を翻した。判決はこの差別用語に関して、酒生氏の出身地である北陸・福井地方では「エタ」ではなく「エッタ」と発言することを指摘し、差別発言の存在に疑義を投げかけた。

もともと高橋省己氏は、九折氏から差別発言について確認の電話を受けた記憶はない、と証言していた。判決は、「原告九折（氏）が、同日朝、基幹運動本部に対して報告する前に、原告中岡（氏）の助言に基づいて、高橋省己（氏）に対して、差別発言の有無を確認したとの事実を認めることはできない」と断定した。

要するに作り話だったというわけである。

## 真相は高僧界の「権力闘争」だった⁉

作り話は他にもある。

九折氏は、一月一五日午後九時ごろ、西本願寺京都教務所の徳本教務所長と会った際、同教務所長から、「『今、酒生氏と会ってきたが、酒生氏に九折氏と会うと話したところ、酒生氏は、この間ひどいことを言ったので、九折氏にいっぺん会いたいと言っていた』と聞かされたが、時間が遅かったので、酒生氏とは会わなかった」とも供述していたが、この時点で酒生氏は、自分が差別発言をしたとして問題になっていることを知らず、九折氏に対して謝罪する理由などなかった。

お坊さんがよくもこれだけ、次から次へとウソをつけるものだと、あきれ果ててしまうが、「差別発言はあった」と証言した中岡氏も同様だった。

「差別発言」ならば、なぜ、その場で指摘しなかったのかについて、中岡氏は「とっさのことで指摘できなかった」と言い訳している。判決は、酒生氏とは面識があり、小声で指摘するなり、席を外すことを求めて指摘する方法もあったはずと、不自然さを指摘。

さらに中岡氏は、「(発言を聞いた段階で)この発言は放置できないものであり、直ちに基幹運動のルートに話を乗せようとも思った」と供述しながら、結局、自ら問題提起の行動はとらなかった。後に、この矛盾した言動を弁護士の指摘で撤回するなど、供述もクルクルと変わった。

また中岡氏は、酒生氏が中岡氏との会話を終えて、大久保総務のところに移動した理由について、中岡氏との会話の中で「エタ」という差別発言が問題になったからだ、と供述していた。判決はこの点でも、酒生氏が差別発言をしたというのであれば、その発言が向けられた中岡氏ないしは九折氏が、差別問題を担当する基幹運動本部長の大久保総務のところへ行くことになるはずであり、酒生氏が差別問題で大久保総務のところに行ったというのは、不自然、不合理だと指摘した。

さらに判決は、中岡氏が一月一三日朝、総務室に出勤すると、九折氏と篁総務がいて、九折氏から「あの話は聞いてますね」と尋ねられて、すぐに差別発言のことであるとわかり、「聞きました」と答えたうえ、その場で篁総務から、「もし聞いていないというなら問題である」と言われたと供述していることについても、矛盾点を突いている。

というのは、相棒である九折氏は、法廷での本人尋問で、「翌一三日朝八時三〇分ごろ、本願寺総務室で波多野昭方、大久保久遠、篁昭観、中岡順孝、各総務に話をしました」と証言しており、他の総務も総務室にいたことになっている。この場での篁総務の発言についても、九折、中岡両氏との話のどの段階で篁総務が話をしたのか供述は曖昧で、「もし聞いていないというなら問題である」との発言そのものが、不自然で意味不明なもの、と指摘。

結論として、中岡氏の、九折氏から「あの話は聞いてますね」と尋ねられて、すぐに差別発言のことであることがわかったという供述は信用できず、「原告九折（氏）から、差別発言の内容について何らかの説明があったとするのが相当」と断定している。

中岡氏の作り話は、宴席に同席していた宗門校・龍谷大学の信楽峻麿学長まで陥れることになる。

中岡氏は、「信楽学長が酒生氏から、差別発言を認めるとの発言を聞いた」とウソの供述をしていたのである。

手元に、それは「事実ではない」とした信楽氏の「弁明書」のコピーがあるので、全文を紹介する。

「　弁明書

平成九年七月三日の中岡順孝氏の証言について、私が酒生文彦氏が『はっきりエタということを言うた』と申したとありますが、そういう事実はありません。

その会話の席は平成六年一二月の龍谷大学新聞部ＯＢ会であったとありますが、それは誤りで、その会合は平成七年一二月であります。そのことは当日の世話人にも確めました。

なおその時は、私はすでに龍谷大学の学長をやめて、本願寺の監正局長（本願寺教団における司法機関の最高責任者）に就任しておりましたが、その頃には、酒生問題は監正局にも提訴されて、私のもとで事情を調査し、監正委員会を継続して開催しておりました。そういう係争中に、私が一方の当事者に向って、そういう発言をすることはありえないことです。

一九九七年一〇月三日

つまりは、本山の高僧までダシにして作り上げた差別発言だったのだ。
判決は、九折氏や本山側の完敗だった。

## 同和問題は〝総長選〟の政敵つぶしに使われた

それにしても、なぜ、宗門ぐるみでこんな作り話をでっち上げ、差別発言を否定し続けていた酒生氏に、「ゴネ得は許さない」（基幹運動本部事務局・岩本孝樹本部長）と悪罵《あくば》を浴びせ、さらに、酒生氏を擁護した高橋純勝氏の追放にまで血道を上げたのか。

判決は、「差別発言」事件の背景の一つとして、「（酒生氏は）次期の総長選に際して松村総長の対立候補となりうる存在であったことがうかがわれる」と指摘。また、発端になった返還金問題についても、「総局の誰のどのような決定にもとづいて、贈られた現金を何の添書も寄せずに返還することになったのか、原告九折、同中岡の供述によるも明らかでなく、何らかの意図がうかがわれる」としている。

さらに、酒生氏が返還金問題の他、宗政問題について、中岡氏に、次期宗会で発言すると公言していたことについても、「総局の一員である原告九折、同中岡が被告（酒生氏）のことを快く思っていなかったことがうかがわれ、現に仮処分異議事件における和解成立後も、総局によって運営されている本山には、被告（酒生氏）との紛争を終局させる意図が見受けられないところである」とも指摘している。

背景に権力闘争があったというわけである。そして、そこで政敵つぶしに使われたのが、泣く子も黙る「同和」問題だったというわけだ。「酒生問題」を調べていくと、そんな構図が浮き彫りになってきた。

この酒生氏に対する西本願寺の態度、つまり「差別発言はあった」などとする対応三原則の方針は「今なお変わらないのか」と、同広報部に文書で質問したが、今もって回答はない。

## 冤罪被害者＝酒生文彦氏の回想をたどる

これまでリポートしたように、酒生文彦氏に対する「差別発言」の濡れ衣は、事件発生から約六年をかけてようやく晴れた。事件をでっち上げられて以来、酒生氏は「差別発言はなかった。仏様に誓ってもなかった」と主張しつづけ、ついにそれが、九九年（平成一一年）の一二月に大阪高等裁判所で認められたのである。この間、胃がん、直腸がん、甲状腺がんと、三度の手術を行ない、それこそ、身も心もズタズタにされたという。

また、こんなこともあった。長年、福井刑務所で教誨師《きょうかいし》として活動してきたことを認めて、西本願寺福井教区教務所が、酒生氏への「褒賞」（表彰）を本山に推薦したところ、本山側が、「矯正教育活動として社会的功績を認められたとしても、宗門内での当事者のこれまでの言動等からして他の範となりえているとは考えられない」（九九年七月）と、事件を口実に褒賞授与を拒否されたというのだ。

「無実」が動かしがたい事実となった今、酒生氏は、「もう何があっても怖くない心境です」と語る。そして、事件の真相と背景について、また問題が山積する西本願寺の「基幹運動」について、ぞんぶんに語ってくれた。

## 一日にしてできた宗門の「治安維持法」の現実

私は、京都地裁に続いて大阪高裁でも「差別発言はなかった」と認められ、相手方（西本願寺）が上告を断念したため、二〇〇〇年一月、完全に勝訴しました。西本願寺の、世間でいう裁判所に当たる「監正局」というところでも、私の主張が認められました。しかし、いずれも「差別発言はなかった」と認めているのに、いまだに本山（基幹運動本部）からは、謝罪の一言もありません。それどころか今でも、「三原則」といって、「一、酒生文彦氏の差別発言はあった。二、宗会の除名決議は正当であった。三、対応委員会は、これからも酒生氏の意識変革を求めて行く」という姿勢を譲らず、自分たちは正しいと言っているのです。

この六年間の闘いには、本当に厳しいものがありました。一時は死にたくなったほどです。よく生きていたという友達もいます。孤立感に襲われ、精神的に危ういところまで追い詰められたこともあります。

しかし今は、無罪であったことが証明され、精神的にすっきりし、落ちついています。

思い出しますと、総局から招集されたのは一九九四年（平成六年）二月一〇日のことです。突然で、しかも身に覚えがありませんでしたから、最初は何がなんだかわからず、ただただ驚くばかりでした。そして、たった一日の臨時宗会で、浄土真宗本願寺派（西本願寺）の宗会議員を除名されたんです。「差別発言」のことなどまったく身に覚えがありませんでしたから、本当に声が嗄《か》れるほど叫んだのですが、調査会と確認会が開かれ、怒号の中で三時間、五時間と糾弾を受け、もう駄目かと思うくらい、ショックを受けました。

たった一日の臨時宗会で、一ヵ月前にあった「差別発言」を裁く宗門の法律ができました。私を切るために、わざわざ一ヵ月遡らせて、ドロ縄式に作ったんです。この法律は、宗会議員であろうとも、基幹運動を批判したら処罰されるというものです。

まるで戦時中の治安維持法と同じなんです。ですから、基幹運動に対する批判はタブーになってしまいました。

法律を作ったときの宗会基幹運動推進特別委員会の委員長になったのが北條（成之）君で、懲罰にかけろと言い出したのが伊井（智昭）君、そして総長が松村（了昌）君です。お気づきでしょうが、今、申し上げた名前は、「社会福祉法人・岐阜龍谷会事件」から「北山別院架空墓地造成事件」に至る西本願寺の不祥事で、名前が出てくる人たちばかりです。

あとでわかったことですが、私の除名臨時宗会の前日、有馬宗会議長の常宿だったホテルの一室に、総長・総局全員を含む二一人の僧侶・門徒議員が集められ、宗会基幹運動推進特別委員会設置の議案説明は誰がやるか、委員長には誰がなるか、懲罰動議は誰が出すか、門徒議員の洗脳役は誰がするのか、懲罰委員長には誰がなるのかといった役割分担が決められたということです。

当日の特別委員会で、委員の一人が「確認会報告書について、お尋ねします」と質問したところ、北條委員長が持っていた書類を机に叩きつけ、「総局の提出したものを疑うんなら俺は委員長を辞める！」と叫んで立ち上がったそうです。みんな、暴力団のような北條委員長の態度にあっけにとられたといいます。事務局のとりなしで、北條君は席に戻ったということですが、慎重審議からはほど遠い、形式だけの委員会だったということです。

今となっては、結局、私が邪魔になったんだと、それがよくわかりましたけれども。

## 不思議な連続差別事件の実相は捏造されたものだった

その後、私は京都地裁に仮処分の申し立てを行いました。裁判に持ち込みたいというよりも、せめて宗会議員の地位だけは返してほしい、という意味で起こしたのですが、これまで西本願寺は、私がまるで西本願寺を相手に裁判ばかりしているようなイメージを皆さんに言いふらしてきました。

私と西本願寺とは、いったん和解しております。総長と和解したわけですが、それにもかかわらず九折総務が、「差別発言を受けた。名誉毀損だ」と、私のことを訴えてきたわけです。和解を勧告した裁判所もあきれておりました。

結局、長い裁判になりまして、二〇〇〇年一月に高裁判決が確定するまで、六年かかりました。物心両面で本当に死ぬ思いでやってまいりました。とにかく、差別発言はなかったという答えが、一貫して三回（京都地裁、大阪高裁、本願寺・監正局）とも出ております。この点だけは、私は胸を張っております。

ただ、九折氏は少し耳が遠いので、誤って私が差別発言をしたと信じたのだろうということで、判決文には「誤信」と書かれています。それはそれでわかりましたが、中岡氏の場合は三回も四回も聞いたと言っています。これは明らかに偽証です。

それにしても、本願寺というところは、平気で真実を覆い隠す。

たとえば、一九九六年（平成八年）八月、裁判所の勧告に基づいていったん和解が成立した後のことですが、総括糾弾会がありました。そのときからずっと、私の一件が「本願寺派関係学園理事長協議会での差別発言問題」として、その他の落書き事件二件と合わせて連続差別事件として扱われてきたわけですが、よく考えたら私の件はまったくの事実無根なわけですし、他の落書き事件についても、書いた人はまだ一人も出てきていません。どう考えても、不思議な連続差別事件なわけです。早く言えば、捏造されたものと言ってもいいのではないか、と思います。

総括糾弾会では、私が糾弾されていたかのごとく、全国のみなさんの耳に入っていたと思うんです。これはとんでもないことです。総括糾弾会は、宗門のやり方に対する解放同盟の糾弾会だったんですから。

## 解放同盟も驚く過酷な糾弾と年間五億円もの不明朗な予算

その証拠として、あのときの総括糾弾会の全記録が手元にあります。部落解放同盟の副委員長である川口正志という人の記録です。私が除名されたと聞いたとき、川口さんはこう言ったそうです。

「自分は酒生さんに会ったことはないが、そんなことを言っているわけがない。四回も総務をやって、七期二五年間宗会議員をやって、本願寺の基幹運動のど真ん中にいた人が、全国から集まった中心人物のなかで、そんな差別発言をするはずがない。したらどうなるかぐらい全部知っているはずだ。これには裏がある」

それで、「部落解放同盟は、いっさい酒生に手出しをするな」と指令を出したそうです。私は、東京・六本木の解放同盟本部にも呼び出され、拡大中央委員会の一八人のなかで二時間ほど弁明しました。それから解放同盟の委員長をしていた上杉佐一郎氏（故人）にも、福岡まで会いにいきました。川口副委員長にも会いました。

しかしなぜ、解放同盟の中央の幹部がそんなことを言っているのか、不可解とお思いでしょう。

当時の西本願寺の糾弾のあり方が、解放同盟でさえ驚くほど過酷であったことに、「解同」が危機感を持ったからではないでしょうか。

それから驚いたのですが、先の総括糾弾会の席で、解放同盟側の「基幹運動の予算はいくらか」という質問に、本山基幹運動本部事務局本部長の岩本君が、「五億円」と言っています。つまり、五年間で二五億円使ってきたんです。このことも、宗門では大きな問題になっています。この基幹運動の予算、決算はオープンにされていません。アンタッチャブルなんです。

## 事実はエセ同和行為を用いての陥穽

そうして考えますと、私がなぜ、こんな目に遭ったのか、わからないでもないんです。

基幹運動では、ここ一〇年ほど前から「信心の社会性」といったことが提起されていますが、これは私に言わせれば、宗門の教義に関わる重大なことなので、私なりに素朴に言ったことがあります。信心の社会性というのは簡単に言っていいものか、慎重にやらないと大問題が起きると。私は異安心《いあんじん》（教義上の異端）だと言ったんです。本来、門主が「勧学寮」に諮問をして、答申を得て、裁断をするという法律に違反しているのではないかと。

この「信心の社会性」について、勧学寮に聞いてみたことがあります。すべての勧学さんが、間違っていると言いましたが、表ではおっしゃらないんです。これを私が追及したのがもとで、ある人物から、「酒生さんは基幹運動のターゲットになっていますよ」と言われ、それから一ヵ月後に事件が起きたんです。基幹運動、言い換えれば、エセ同和行為を利用して、私を陥れたんですね。

それから、もう一つ大きな問題は、総局と基幹運動本部とはどちらが上か、ということです。宗門には、伝道部とか、いろんな部があります。それなのになぜ、基幹運動だけが本部と呼ばれるのか。これこそ差別ではないでしょうか。命令系統が二つになってしまっている。

私は、一宗会議員のとき、「基幹運動が決めたことを総局はどうするんだ。反対に総局が決めたことはどうするんだ。いったい、どっちなんだと。これじゃ双頭の鷲ではないか。頭が二つあって西本願寺の行政がまとまるはずがない。こんなとんでもない話があるか」と質問したんです。

そのとき総局は、「なんといっても総局である」とごまかしていましたが、実質的には、基幹運動が牛耳っています。総局の方はなんにも言えないんです。

## 基幹運動は親鸞の「御同行御同朋」の教えに反する

西本願寺の基幹運動は、「差別するな」という、「差別／被差別」の関係でものごとを捉えています。ということは、線路と同じでどこまで行っても交わることはない。ある意味で、どこまで行っても、差別と被差別を認めていることになるんです。

私は、真宗の場合、阿弥陀仏の前に「平等」という言葉を使いたい。「基幹運動」が始まる以前は、西本願寺で人権問題と取り組む運動のことを、同朋運動と呼んでいましたが、そもそも〝同朋〟という言葉の出所は、開祖である親鸞が「御同行御同朋」、同じところに行くという意味で使った言葉なんです。

それを西本願寺では、部落解放運動とくっつけたんです。親鸞の意図とはちょっと違います。なぜかというと、「御同行」というのは、同じところに行きましょう、つまり「浄土往生」です。また、「御同朋」というのは、はらからということです。兄弟ということです。はらからというのは、顔や姿が違っても、親が一緒だったら兄弟ということですね。親鸞が言ったことは、顔が違い、男であろうが女であろうが、白人であろうが黒人であろうが、親を一緒にしましょう、阿弥陀仏のもとではみんな兄弟なんだということなんです。阿弥陀仏の存在なくして同朋運動はありません。

ですから、同和運動＝オール同朋運動ではありません。基幹運動は同朋という考え方を出発点にしていますが、もし同朋という言葉を使うなら、「同朋運動」と名前を元に戻すべきです。だいたい「基幹運動」という言葉自体、なんのことだかわかりません。誰が考えてもおかしな名称です。

つまり、私が言いたいのは、基幹運動の問題には、本当に宗門の存続に関わることが含まれているということです。私の事件については今でも、「世間の法律では通るかもしれないが、宗門の判断では違う」という言い方をされています。こうした見解は、宗門が社会から信用を失う自殺行為だと言いたいですね。

## 「部落解放基本法」未上程――解放同盟の政治に付き合うべきか？

最後になりますが、私も総局にいましたから、御門主様（八五年、「部落解放基本法」制定要求国民運動中央実行委員会会長に就任）の顔を立てなければならないと思い、責任者として一生懸命、部落解放基本法制定の一〇〇万人の署名を門徒さんからいただきました。これは簡単なことではありません。

その法律案が、いまだに国会に上程されないのは不思議なことです。なぜ上程もされないのか、理由を教えてほしいんです。基幹運動では、年間五億円ものお金を使いながら、部落解放基本法については何もしていないのではないですか？　署名した一〇〇万人を愚弄《ぐろう》しているのではないですか？　これは一〇〇万人を愚弄するだけではなく、実行委員会会長を務めた御門主をも愚弄しているのではないかと思います。この問題も、私は声が嗄れてでも叫びたいんです。

部落解放基本法を進めた部落解放同盟と密接な関係にあった、当時の社会党の村山さんが総理大臣になっても、国会に上程しませんでした。我々は、解放同盟に一〇〇万人の署名運動で協力し、そのとき、御門主の顔を立てたつもりです。

しかし、やはり御門主が、特定の政治運動団体に関わるということは、政教一致になってしまうんです。政教一致になったら、宗門も国もだめなんです。先の戦争がその見本です。こうしたことも、私は訴え続けていきたいと思っているんです。

酒生氏は二〇一五年（平成二七年）二月二日、福井市内の病院で死去。享年八三だった。その酒生氏が生涯かけて闘った西本願寺の「基幹運動本部」は、その後どうなっているのか。西本願寺の関係者たちが、経緯と今をこう説明する。

「酒生氏の事件が象徴的ですが、『解放同盟』追従の恐怖支配に対して、宗門内で、いわば〝民主化運動〟が起こり、西本願寺は内外からの批判にさらされました。それで、体制一新、組織替えをやりました。一つの体制から二つの体制になったのです。一つは、門主が指名する執行長を事務方トップとする西本願寺本山の単独の体制。もう一つは、全国一万ヵ寺を統率する縦線の体制です。このトップは、宗会議員のトップである宗務総長です。それまでは、宗務総長が執行長を兼任していましたが、別々になりました。いまから八年ほど前のことで、この組織替えで、『基幹運動本部』は解体されました」

「『基幹運動本部』には、実際上、年間七億円の予算がつぎ込まれていました。そのカネは、宗会議員選挙や各地で開催された『同和人権研修』の報酬としてばらまかれました。当時の『基幹運動本部』のトップを中心にして、『基幹運動』に関わった僧侶は本山職員や教区の教務所長として、今でもそれなりの『地位』を確保し、それぞれ講師になって『人権研修』が続いています。しかし、『同和』優先の『人権研修』は、理論的にも体制的にも弱体化しているというのが実態です」

# 第9章　紀州和歌山の政界・ヤクザの「地下爆弾」

## 和歌山を大混乱に陥れた知事選前の爆弾ビデオテープ

「市長、ワイとケンカするんならしょうかえ。な、市長。はっきり言うで、ワイ。あんたがな、ちゃう、ワイにケンカ売ったんや。どや。（中略）和歌山の四代目のドンと和歌山の市長とではええ勝負なるで、ちゃう？」

ビデオの画面中央、六〇近い角刈りの男が巻き舌でまくしたてている。たたみかけるような有無をいわさぬ口調はヤクザ特有のものだ。応接間のような部屋で、細長いテーブルをコの字形に五人の男が取り囲む。「市長」と呼ばれた男は、終始一貫、恐縮した様子で身を縮め、頷《うなず》いたり頭を下げたりしている。残りの男たちがタバコをくゆらせている。約五六分間、画面のアングルは固定されたまま。角刈りの男性が、ほぼ一人でわめき通しにわめいている。画面左下には「1987・12・9」と日付インデックス。ホームビデオで隠し撮りしたような印象だ。

この一本のビデオテープが、九五年（平成七年）一一月の県知事選を控えた和歌山を大混乱に陥れた。ビデオでまくしたてているのは、地元暴力団の佐々木組四代目・北野敏男元組長。殺人罪で七年の懲役を終えたあと、六九年に組を継ぐ。九一年に引退しているから、ビデオ撮影当時は現役のヤクザだ。「ワシは和歌山のドン。まあ言うたらね、山口やさかい。全国でな、佐々木さんいうたら、下へも置かんのよ、出るとこ出たら」。自身がビデオでそう語る通り、佐々木組は日本最大の広域暴力団・山口組傘下である。

北野元組長に叱責されているのが、当時の和歌山市長、旅田卓宗氏だ。和歌山市出身の旅田氏は、県警巡査、市会議員、県会議員を経て、八六年六月に市長に初当選。三選を目指した九四年六月の市長選告示日前日、前代未聞の「知事選ダブル出馬宣言」を行い、注目を集めた。「(任期四年の)市長に再選されても、一年二ヵ月で辞める」と公約したも同然だが、大方の予想を裏切り大差で当選した。

旅田氏にメンツ丸つぶれにされたのが、当時の仮谷《かりや》志良《しろう》県知事。七二歳の高齢にもかかわらず、一時は六選出馬に意欲を見せていたが、旅田氏の出馬宣言の四ヵ月後の九四年（平成六年）一〇月、同知事の後継者として西口勇《にしぐちいさむ》副知事が出馬を表明した。

北野敏男元組長

旅田卓宗市長

知事選挙は、事実上、旅田氏と西口副知事の一騎討ちになるとみられ、その前哨戦は熾烈《しれつ》を極めた。県内の主要道路沿いには、両陣営のスローガンやシンボルマークが描かれた巨大な看板やのぼりが見るまに立てられていった。ポスターを貼った民家やマーク入りのステッカーをつけた車が急激に増えた。春までには、どんな僻地《へきち》の山間部にものぼりがはためくようになり、県民の間からは「どれほどお金が使われているやら」「資源の無駄遣いだ」という批判が出るほどだった。

旅田氏は、市長三選後から公的行事には助役や市幹部を代理出席させる一方、自身は市内で深夜までミニ集会を重ね、週末は名前の浸透していない県南部を集中的に回って売り込みに精を出した。県民所得の低迷や道路整備の遅れ、若者の県外流出など、県の弱点を指摘しつつ、過去三〇年間続いている知事から副知事への〝権力継承〟を批判し、五〇歳という若さをアピール。

落としどころ、盛り上げ方を心得た、浪花節的な巧みな話術と一見親しみやすそうな人柄で、じわじわとファン層を広げていた。

県人口の四割が集中する和歌山市では、工場排水の垂れ流しを規制した「色抜き条例」や「ポイ捨て禁止条例」を全国にさきがけて制定し、全国の知事と市町村長に手紙を出して「無党派首長の大同団結」を呼びかけるなど、奇抜なアイデアで全国的にも話題を提供してきた旅田氏が、圧倒的な人気を保っていたといえる。

一方、出遅れた形の西口氏は、一二月に副知事を辞職。三代の知事に仕えた行政経験を強調し、名前の勇（イサム）にひっかけた一三六の政策を掲げ、素浪人となって県内行脚《あんぎゃ》を続けた。堅実な番頭タイプの西口氏は、これまで知事の陰に隠れて知名度が低く、カリスマ性やスター性もいま一つだったが、仮谷知事以下、県の力をフルに生かして各市町村を味方につけ、組織力では優位に立っていた。

しかし、今回も知事から副知事への禅譲という候補者選びが行われたため、「変革（チェンジ）か継承（リリーフ）か」という旅田陣営のスローガンが、それなりの魅力を持っていたのも事実だ。また、「趣味は選挙」と公言し、不利な状況での選挙にことごとく勝ってきた旅田氏の勝負強さは、西口陣営に最後まで警戒心を抱かせるに十分だった。結局、知事選半年前には、どちらが勝ってもおかしくはない状況だった。そこに落とされたのが、冒頭の「旅田市長の疑惑のビデオ」という爆弾だった。

## ビデオは旅田市長の息の根を止めるための「道具」!?

ビデオの存在は、一部では早くから噂《うわさ》されていたが、まったく表面化していなかった。地元のマスコミ各社の動きが急に慌ただしくなったのは、知事選を半年後に控えた九五年六月初旬のこと。地元の情報紙『日刊和歌山インサイダー』に掲載された、ある記事がきっかけだった。六月五日付に、次のような文章がある。

「知事選をめぐって妙な噂が飛び交っている。妙な、といえばもちろん西口陣営のものではない。旅田市長自身のことである。あるビデオテープに旅田市長の『悪《あ》しき姿』が映っており、これが司直の手に入ると知事選どころの話ではなくなるということである。（中略）旅田市長が勝つようなことがあれば県政の『非常事態だ』として誰かがスイッチを押したのだろうか。知事選は『西口有利』に推移しているが、一方ではこのままいくと『旅田有利』になる——と判断する人もいる。この際、旅田市長の息の根を止めるためには、絶体絶命の『道具』が必要だったのではないか——と推測する人もいる」「とある事情通はいう。『市長選に出る前、旅田さんはややこしい人物との付き合いがありました。ビデオがあるとしたらその当時のものとも考えられます』」

翌日以降も、報道が続いた。「（ビデオは）ある人物が所有しており、これが世に出るとなると相当なインパクトを与えることは、間違いない。実業家のH氏が交渉役に当たっているが、すでにH氏の手元にあるのかどうか」「値打ちにして一億、いや二億はするだろうという事情通もいる」

ところが、ビデオテープの存在を初めて明らかにした『日刊和歌山インサイダー』は、六月下旬、突然発行がストップ。発行責任者は行方をくらましてしまった。

## 「暴力団に手形を回収させた」との暴露記事の顚末

代わって、今度は写真週刊誌『フライデー』（講談社発行）と『週刊新潮』がビデオのことを近く暴露するらしいという噂が地元で流れた。一体、ビデオの何が問題なのか。市長と「ややこしい人物」との「関係」が明らかにされるというのか。どんな「関係」が？　この段階では、ビデオの存在は明らかになったものの、爆弾はまだ炸裂《さくれつ》していない。その威力が明らかになるのは、八月四日発売の『フライデー』

夏休み特大号の誌面上だった。

「〝無党派の旗手〟が泣く　四億円の手形を暴力団に回収させた『和歌山市長』」の見出しで、見開き二ページ。「旅田市長と暴力団組長との密談ビデオの写真を入手した」としてその写真を掲載。〝密談〟を設定した池浦利彦氏の証言として、こう記されている。

「旅田さんは市長選に初出馬する前、四億円ほどの借金があった。債権者の中には市長選の供託金を差し押さえるという者も出ていた。これでは選挙にならない。旅田サイドから『佐々木組の組長に手形の回収をお願いできないか』と相談があった。そこで私が四代目に借金のサルベージ（回収）をお願いした」

「手形の回収資金は三益産業の吉田氏が出した。手形は組長代行や亡くなった県会議員らが奔走し、一〇日ほどで回収した」

結局、六〇枚ほどの手形となって出回っていた四億円の負債のうち、旅田氏の身内分を差し引いた三億五〇〇〇万円を、一割の三五〇〇万円で回収したという。ちなみに、池浦氏は和歌山県岩出町《いわでちょう》（当時）の不動産会社「池浦産業」役員。芸能プロダクションも経営し、そのテレビCMで起用した横山ノック・大阪府知事とは特別な関係にあるという。ビデオに登場する残りの三人は、この池浦氏と、旅田市長の最大のスポンサーで親友でもある「三益産業」の吉田基松社長（現会長）、佐々木組若頭である。

『フライデー』にはさらに、北野敏男元組長（四代目）の言葉が続く。

「旅田は人間の風上にもおけん。『戦わずして敗れるところを組長さんに助けられた。これからは心と心のつきあいをしたい』といっておった。一年ほどたって、ある人の就職のお願いを市長にしようとした。ところが旅田は電話しても出てこない。どういうことやと詰め寄ったら、旅田は『逃げも隠れもせん』と開き直った。ケンカするならそれでえぇといって、市長をワシの自宅に呼びつけたんや」

それに対する旅田市長の、「（ビデオに登場する五人で）私以外の人は知らない」「暴力団の事務所にも、自宅にも行ったことはない。つきあいもない」「これは選挙妨害だ。相手陣営の陰謀だ」との疑惑を全面否定するコメントも掲載されていた。

和歌山県内の書店では、この『フライデー』は発売日の朝に完売した。「旅田陣営が本屋を回って買い占めた」「いや西口陣営が予約ですでに買い占めていた」などの噂が飛び交った。

『フライデー』の記事に関し、日本共産党和歌山市会議員団は八月七日、旅田市長に対して公開質問状を提出。①暴力団組長と同席しているとの写真について、市長自身であることは認めるか、写っている人物に心当たりはあるか、②組長に手形回収を依頼した事実はあるか、③就職の世話の依頼など、暴力団の行政への圧力や介入があったか――の三点について、文書での回答を求めた。

旅田市長は、翌日付の文書ですべてを否定。説明が不十分だとして共産党市議団が出した再質問状に対し、八月二三日付の文書で、苦し紛れの弁明ともとれる次のような内容の回答を行っている。

「北野組長の事務所や自宅に行ったことはない。『フライデー』に掲載された写真が真実のものであるとすれば、何らかの意図をもって罠《わな》にはめるために仕組まれたもの」「結婚式や竣工式《しゅんこうしき》、あるいは後援会員に案内された場所で、予期せぬ人物と出くわし、困ったことは二、三あった。その中に北野組長がいたのかどうかはよく覚えていない」「債務については、兄が保証人という立場でかぶったものであり、兄も直接借り、使ったものではないと聞いている」

「『フライデー』に掲載されていたような写真やビデオがあるが、それを公《おおやけ》にしても良いかと、脅迫めいた形で昨年秋頃からある暴力団が、様々なルートを通じて売り込みにきたが、私は何ら後ろめたいことがないし、何より暴力団と関わるべきではないと考えていたので毅然《きぜん》とした態度で断った」

旅田市長の後援会は、この回答とほぼ同様の内容をQ＆A形式で印刷した文書約二〇万枚を、和歌山市を中心とした各戸に配布した。

## 対抗馬・西口副知事にも暴力団スキャンダルがあった⁉

この時点で、ビデオはすでに各方面に流出していた模様で、共産党や県地評などで構成する「ゆたかで住みよい和歌山県をつくる会」は二八日、連名で次のような要旨の声明を発表した。「ビデオの内容を検討した結果、市長と暴力団組長の深いかかわりは明白。にもかかわらず、共産党市議団の公開質問状に対する回答で、事実を平気で覆い隠しウソで塗りかためる態度は絶対に許されない。市長は即刻、辞職すべきである」

さらにこの声明では、もう一方の候補者である西口氏の暴力団スキャンダルについても指摘していた。西口氏が現職の副知事だった九一年九月八日、和歌山市内の山口組系暴力団幹部の長男の結婚式に和歌山市幹部らとともに出席し、来賓としてあいさつをしたというのだ。「つくる会」は、知事候補として全日本年金者組合県本部書記長・平井章夫氏の擁立を決めていた。

八月下旬までには、『フライデー』に掲載されたビデオのカット写真が和歌山県内に出回った。さらに、「知られざる旅田卓宗の素顔」と題するB５判一三ページの冊子がばらまかれた。「黒い組織との人脈」として、例のビデオテープの存在と内容にもふれているが、六章からなるその大半が、旅田氏と「韓国人脈」の関係に割かれている。

たとえば、旅田氏の最大のスポンサーである「三益産業」の吉田基松社長は韓国・済州島《さいしゅうとう》の出身で、同氏が市長に初当選直後に済州市と姉妹都市提携したのは、同市が吉田社長の故郷だからだとか、数年前に飛び下り自殺した元秘書課女性職員にまつわる話などが書かれてあった。

冊子の表紙には、「正しい和歌山県政をつくる会」（代表・岡本利夫）とあるが、筆者はビデオ疑惑を最初に書いた情報紙『日刊和歌山インサイダー』の発行責任者といわれている。県政界の大物がネタを提供して書かせ、地元の企業が資金を出して大量にばらまいた、ともいわれている。この冊子については、韓国人差別を助長するとして、日教組・和歌山の有志が法務局人権擁護委員会に調査の依頼を申し立てた。

旅田陣営にとってダメージはこれだけではなかった。例の『フライデー』発売の直後、貴志《きし》八郎《はちろう》・元衆議院議員が社会党を離党し、知事選出馬を表明した。党県本部書記長や委員長を歴任し、次期衆議院和歌山一区の党公認予定候補だっただけに、「政治的影響力を持たない政党はもはや死に体」と社会党を批判しての離党と無所属での出馬表明は、あまりにも唐突だった。貴志氏と同じ和歌山市を地盤にするうえ、すでに複数の社会党支持労組から推薦を取り付けていた旅田陣営の幹部は、「旅田票が割れるのを狙った出馬だ。旅田包囲網のすさまじさを見せつけられた」となった。貴志氏が出馬表明した日の夜にかねてから悪評の高い人物と徹夜マージャンをしていたことから、あれこれ憶測を呼んだ。

九月六日、定例和歌山市議会が開会した。ここから、ビデオをめぐるドタバタ劇は市議会に舞台を移した。

## 「一億五〇〇〇万円でビデオ売り込み」の拒否を話して対決姿勢示す

一般質問初日の八日午前、質問に立った自民党系会派「修治クラブ」の浦哲志市議が、一本のビデオテープをかざして市長に迫った。「なぜこのようなビデオの存在があるのか。ビデオの中の北野氏とは面識があるのか、交際はあったのか」

旅田市長は組長との面談を否定。逆に、『フライデー』に記事が掲載された翌日に友人の刑事から「あの記事によって利する者こそが暴力団と深いかかわりがあることは我々プロにはすぐわかる。負けるな、頑張れ」と励ましの電話があったと反論した。

議会は約二〇分で本会議の質疑を打ち切り、各会派の代表者を集めて議会運営委員会を開催。「面談が事実かどうか、まず真相究明を」と、午前一一時から、議会内で異例のビデオ上映会を行った。浦市議は市長にビデオの確認を求めたが、市長は「暴力団が撮ったビデオは見ることはできない」と拒否し、議会は紛糾。断続的に議運が開かれ、「市長と暴力団との親密な交際は明白で、市民に対する背信行為だ」として、市長辞職勧告決議を賛成多数で可決した。

辞職を拒否した旅田市長は、議会後の記者会見であらためて面談の事実を否定。一年近く前から、北野元組長の後継者である西畑晴夫・佐々木組六代目が、様々なルートを通じて自分の支援者のところへ一億五〇〇〇万円でビデオを売り込みに来ていたことを明かし、「ビデオの売り込みを拒否した私が正しいのか、入手した方が正しいのか」と対決姿勢をあらわにした。

一一日に再開された議会は、開会前から異様な熱気に包まれていた。窮地に追い込まれた市長がどんな対応を見せるのか、決定的な証拠を手中にした議員たちの顔は、こわばった表情の旅田市長とは対照的に上気していた。

まず、共産党の大艸主馬《おおくさかずま》議員がビデオ画面を撮影した写真を示して「ここに写っているのは市長ご自身ではないのか」とただしたのに対し、旅田市長は「覚えがない」と答弁。「覚えがないとはどういう意味か」「覚えがないとは覚えがないという意味だ」という押し問答が繰り返された。

続いて、公明党の森本保司議員の「組長と予期せぬ形で、岩出町の関係者宅で会ったのではないか」という質問に、市長は「議員がよく知っていらっしゃるということはどういうことなのか。つきあいがあるからではないか」と逆襲。同議員が知事選への出馬意思をただすと「もちろん立候補する。戦わなければ暴力団と手を結んだ陣営が県政を牛耳ることになる」と、ビデオ問題で暗に西口氏側の関与をほのめかした。さらに、「出所も明らかにできず、暴力団が隠し撮りしたようなものを証拠として辞職勧告決議をしたような市議会のあり方は、暴力団を容認することになる」と議会を非難。対決姿勢むき出しのこの一言が、議会側の反発を招き、同日夜、「議場における市長の不当発言についての百条調査特別委員会」の設置が全会一致で決まった。ビデオ問題の真相究明は、百条委の場に移されることになった。

## 和歌山市議会・百条委員会で北野元組長が証言

こうして開かれた九月一九日の百条委には、北野敏男・元組長が参考人として出席した。現役を引退したとはいえ、組織を解散したわけでもなく、山口組直系の組長の座を息のかかった子分に譲り渡し、自身は〝四代目〟としていまだに隠然たる力を持つ元暴力団組長が、地方自治法にもとづく百条委の参考人として証言するという前代未聞の事態に、マスコミ各社は飛びついた。お昼のワイドショー用に中継車を市庁舎に横付けするテレビ局もあった。

テレビカメラの放列を前に、元組長は「ビデオに映っているのは私と市長」としたうえで、旅田氏との交際が始まったいきさつを、「(旅田氏が初出馬した八六年の)市長選前、旅田市長から三億五〇〇〇万円分の手形回収を依頼され、回収したのをきっかけに親しくなった」と説明した。さらに「当選後の半年間、和歌山市内の料亭で市長が月一回接待してくれた。世話をしたお礼、と受け止めた」と述べた。

旅田市長の初当選から一年半後、八七年一二月九日の日付のあるビデオについては「市長に知人の職員採用を頼んだが、居留守を使って断られて腹を立て、岩出町の自宅に市長を呼んだ。どんな言い訳をするか記録に残すために撮った」と撮影を認めた。

実は、議員の多くは市長との対決がここまで発展するとは予想していなかった。ビデオ問題が議会で取り上げられた一般質問初日の八日、市長辞職勧告決議を可決したあと、有力市議は「これで議会ができることはすべてやった」と満足げにつぶやいた。「議会は暴力団を容認している」という旅田市長の予想外の発言で百条委を設置したあとも、有力市議が議会の一室で「あの発言だけは取り消してくれ」と市長に非公式に求め、妥協に向けて事態の収拾をにおわす動きもあった。

旅田市長に一発カウンターパンチを食らわせればすむはずだったのが、開き直りともとれる強気な態度を前に、議会側は引くに引けない立場に追い込まれていった。その一方で、ピンチに立たされたとみられていた市長側には、ある種の余裕があった。元組長との交際は明白なのに、「まったく知らない。会ったこともない」と見えすいたウソをつき通す厚顔はかなりのものだが、「相手陣営の陰謀だ。相手陣営と議会の方こそ、暴力団を容認している」という市長の言い分には、それなりの根拠があった。

というのは、ビデオを議場に持ち込んだ浦哲志市議は、旅田氏によって六選の夢を断たれた宇治田省三・元市長に秘書課職員として仕えた人物。今回の知事選では、西口陣営の選対幹事として西口事務所にひんぱんに出入りしていた。暴力団関係者とのつきあいも、地元では有名だった。百条委でビデオの入手経路を問われた同市議の答えは、「数日前、事務所の机の上に置いてあった。友人が届けたとあとでわかった。友人の名はプライバシーがあるので公表できない」という何ともあいまいなものだった。暴力団や右翼との深い関係で知られた議員はほかにもいた。

知事選告示日を一ヵ月後に控えた九月二一日、和歌山市内の神社で旅田陣営の一足早い出陣式が行われた。約三〇〇人の有力支援者を前に、旅田氏は声を震わせた。「(議会一般質問初日の)八日朝、私は亡くなった母の遺影に手を合わせ、『お母さん、今日が私の勝負になるかもしれない。見守っていてください』、そう語りかけました。浦議員がビデオを手にしたとき、思ったんです。『ああ、お母さんが助けてくれた』……」

百条委の一方で、水面下では事態の収束に向けた有力市議らの裏工作が続けられていた。しかし、市長があくまで発言の「陳謝」を認めなかったため、決裂。このため、百条委は旅田市長と元組長らの証人喚問を決定した。証人喚問での偽証は刑事告発の対象となる。これに対し、市長は「百条委は政争の具に使われており、権限を超えた調査は地方自治法違反」として、知事に対して百条委設置の議決取り消しを求める審査請求と、裁定が下るまでの百条委執行停止を申し立てた。

一〇月四日、今度は証人として百条委に出席した北野敏男・元組長は、手形の回収に関する前回と同様の証言を繰り返したあと、市長との交際について、「九一年（平成三年）に引退するまで、毎年盆暮れにサントリーオールドの届けもあった」と新たに証言。ビデオの流出経路については、「九一年三月ごろ、事情があり家財道具がなくなった際に紛れたのではないか」などと説明した。七二歳という高齢もあって激しやすいのか、最後は「戦わずして敗れずにすんだのは親分のおかげ、と頭を下げたのに……。旅田の大ウソつき！」と涙声で絶叫した。

昼の休憩をはさみ、代わって旅田市長の証人喚問が始まった。宣誓の手続きが終わり、委員長がまずビデオに登場する人物との関係をただしたのに対し、市長はメモを読み上げるように答えた。「百条委は政争の具であり地方自治法違反として、現在、仮谷県知事に百条委設置の議決取り消しを求め、審査を請求している最中であり、裁定が出るまでお答えできません」

「それでは答えになっていない」

「宣誓されたのですから、質問にお答えください」

委員長が何度質問しても、旅田市長は正面を見据えたまま、オウム返しに同じ言葉を繰り返す。

「証言拒否だ！」「正直に答えろ！」

委員や傍聴人が机をたたいて口々に叫び、騒然とするなかで市長は退席した。地方自治法百条三項では、「正当な理由なく証言を拒んだときは六ヵ月以下の禁固または一〇万円以下の罰金」と定めているが、議会は旅田市長の証言拒否は同法違反にあたるとして後日、和歌山地検へ告発した。さらにこの日の午後六時から、議会は市民会館大ホールで「緊急議会報告会」を開き、約一〇〇分間に編集したビデオを公開した。

二〇〇インチの大型スクリーンに映し出された画面を、約八〇〇人の市民が観賞した。

## 旅田市長はなぜ見えすいたウソをつき通したのか

元組長との交際について、議会やマスコミの前では「知らぬ存ぜぬ」を通していた旅田市長だが、支持者向けには別の言い訳を用意していた。あるミニ集会では、次のように語って「はめられた」と強調した。

「八年前、友人に連れられてどこかの新築祝いについていったんです。できたばかりで表札も出ていなかった。友人が『せっかくだから覗《のぞ》いていこう』と言うので上がり込み、応対に出た三五、六の女性が美人だったので、のこのこついていきました。通された部屋は薄暗く、変だなと。そこに予期せぬ人物が現れ、罠にはまったと思ったんです」

支持者向けには作り話も通用したが、一般市民にはどうみても「ウソ」に映った。西口陣営のある幹部は、「旅田がボタンのかけ違いをしてくれたお陰でうちは助かった」と語った。「もしも、『八年前には確かに暴力団とつきあいがあったが、市長になってからは努めて彼らとはかかわりを持たないようにしてきた。だから、いまは彼らには恨まれているはずだ。いまになってこんなビデオが出てくること自体がその証拠だ』と言われたら、こっちがヤバいところだった」。有力議員も周囲にそう漏らしていた。

この、あくまで元組長との交際を否定するというシナリオを考えたのは、元特捜検事の弁護士だといわれている。この弁護士は、中西啓介《なかにしけいすけ》・元防衛庁長官を通じて旅田市長とも親しく、これまでたびたび市長の窮地を救ってきたという。

和歌山市を地盤とするその中西氏の、知事選に対するスタンスは微妙だった。自民、公明とともに新進党が西口氏を推薦した以上は、バッジを外す前は新進党県連会長だった中西氏が西口氏を支援するのは当然のようだが、そうすんなりとはいかなかった。旅田氏の対抗馬を擁立するにあたり、中西氏は仮谷知事から、和歌山出身のある大蔵官僚への打診を頼まれていたという。中西氏が本人の承諾を取り付けたとき、すでに地元では西口副知事の擁立が決まってしまっていたため、激怒した中西氏は西口氏との間にしこりを残したといわれている。

中西氏と盟友といわれた旅田氏とは、もともと互いに「けいちゃん」「タクさん」と呼び合う仲で、後援会の七割が重なる。旅田氏は、知事選に落ちたら衆議院和歌山一区からの出馬を口外していただけに、西口陣営のなかには、「中西は、衆議院選での争いを避けるためには旅田を知事選に通しておいた方がいいと思っているのではないか」と漏らすものもいた。

さらに、知事選のあとには和歌山市長選が控えていた。市長選には、自民系の前県議、新進系では中西氏の秘書だった前県議、旅田氏が後継者として推す元県議、共産系の元教員の四人が立候補を表明していた。西口派の自民関係者は、市長選では敵味方に分かれる中西氏が西口当選のためにどこまで本腰を入れているのか、疑心暗鬼だった。

## 二発目のビデオ爆弾は市職員の不正採用スキャンダル

知事選の告示日まであと一〇日と迫った一〇月九日、再開された市議会本会議で二発目の爆弾が落とされた。この日の本会議で旅田市長の証言拒否に対する告発をもって百条委の調査終了を宣言し、ビデオ問題はいったん終結すると思われていた。ところが、自民党系会派「修治クラブ」代表の石谷保和議員が本会議の緊急質問で新たなビデオテープを持ち出した。

それによると、石谷議員が市議会議会運営委員長として、北野敏男、池浦利彦両氏のところへ百条委の報告に行ったところ、北野氏から新たなビデオを預かり、池浦氏からは手形の回収にからんで市長に職員の採用を頼んだことがあるという話を聞かされたという。石谷議員は、旅田市長に「市長になる前の手形の回収のお礼として職員の採用をしたとすれば、地方自治の事務の根幹にかかわる大問題だ。その証拠に、いまテープを持参している。出所不明じゃございません。ちゃんと北野敏男さんからもらっておりますから……」と詰め寄った。

石谷議員は、大阪市内で不動産業を営むなどして集めた億単位の資産とその人脈をフルに使って得た情報をもとに、和歌山の政財界に深く食い込んだといわれる人物。日ごろから山口組の宅見勝《たくみまさる》組長との交際を吹聴《ふいちょう》し、こわもての議員として知られていた。

前回と同様、議運で上映された新ビデオでは、北野元組長、池浦氏、吉田基松氏らが映り、「ワシが表に出て困るのは向こう」「向こうからケンカを売ってきてるんや」「世話になったことを忘れてはいかん」などの会話が記録されている。元組長が「六人だったか。六人頼んで入れてもらったやろ」と聞いたのに対し、「いや三人」と池浦氏。日付は前のビデオの三週間前の、八七年（昭和六二年）一一月一七日。旅田市長は映っていない。

新ビデオの登場で、議会は新たな百条委、「職員不正採用疑惑調査特別委員会」を設置した。石谷議員自身が委員長となった百条委は、一〇月一二日、再び元組長らを証人喚問。ここで池浦氏は、「市長に直接頼み、職員として知人三人を採用してもらった。手形回収などで市長の面倒を見てきたお礼と考えている」と証言した。

北野元組長は、「旅田は当時、私を組関係者と知って手形回収の依頼をはじめ選挙戦に利用し恩義を口にしておきながら、私が組を引退した途端、それまで続いていた季節のあいさつもなくなり、知人の採用の依頼に居留守を使ったあげく、逃げも隠れもせんと開きなおった。旅田は恩知らずです。私に恩義があるのに、身に覚えがないとか暴力団呼ばわりされることは、絶対に許すことができません」と、涙ながらに「不正採用をしてもらえなかった」義憤をぶちまけた。手形回収のため旅田氏と池浦氏をつないだキーパーソンとされる吉田氏は、前回の百条委と同様、病気を理由に一貫して証人喚問に応じなかった。

翌一三日、証人喚問された旅田市長は、「不正は一切ない。百条委は政争の具だ」として、またまた質問に答えなかった。このため、石谷委員長は、旅田市長就任後九年間の「市職員合格者数」と実際に採用した「採用者名簿」の間に一〇〇人以上の開きがあると指摘し、百条委の調査続行を申し合わせた。

旅田市長は、初当選直後に自派の運動員一八人を無試験で職員採用して県警に公選法違反で書類送検されたり、身内や市の幹部職員、市議、県警職員の子弟や紹介者を不正採用しているとの噂が以前からあり、市の職員名簿を公開していなかった。石谷委員長は、「不正採用の疑惑を証明する資料はすべてそろっている。時期が来たら公表する」と語り、百条委は知事選後に持ち越されることになった。

## 拉致された、県政界のフィクサーの動向

知事選は一〇月一九日の告示で、いよいよ本番がスタート。予想された通り、第一声からビデオ問題をめぐり泥仕合になった。旅田氏が「ビデオを持ち出したのは相手陣営。暴力団と手を結んだ陣営に県政の座を明け渡すな」と叫べば、それまで関与を否定して静観してきた西口氏も、「自分のことは知らぬ存ぜぬで相手の攻撃材料にするのは卑怯《ひきょう》」とやり返した。本来の政策論争はすっかりかすみ、泥仕合のまま一一月五日の投開票日が刻々と近づいた。

「また何か起きるのでは」「第三のビデオか」「いや、旅田側の反撃だ」……。そんな憶測が飛び交っていた二日、一人の男が姿を消した。和歌山市の土木建築会社「西村工業」会長で元県会議員の、樋口徹氏、六八歳。午前一〇時ごろに会社の運転手が本人から自宅に迎えに来るように連絡を受け、約一時間後に訪ねると、腕時計や財布や靴を残したまま消えていた。外出先から戻った妻が午後二時過ぎ、和歌山北署に家出人保護願を出した。一夜明け、二日たっても行方はわからず、「拉致されたらしい」という噂が広が

った。「殺されとるかもわからんで」。そんな声もささやかれた。

樋口氏は県職労書記長から五五年に社会党公認で県議に初当選。三期つとめたあと衆議院選に転じたが、党県本部の派閥争いのなかで外遊中に「クーデター」にあい、欠席裁判で除名と衆議院選の公認取り消しにあった。のちに名誉回復するも落選。これを機に政治の表舞台からは姿を消し、以後は保守系のフィクサーとして、県政界に少なからぬ影響力を及ぼしてきた。田中角栄《たなかかくえい》、宇野宗佑《うのそうすけ》両元首相をはじめ、中央政界にも幅広い交友関係を持ち、主宰する政治団体「和歌山新政治経済研究会」が和歌山市内のホテルで毎年開く新年会には、中央から大物政治家が駆けつけるほどの人脈を誇っていた。中西啓介・元防衛庁長官も「啓介くん」と呼ばれ、小僧扱いされていた。

その樋口氏が、知事選投開票日を目前にしたこの時期に姿を消して人々が色めき立ったのは、ほかならぬ「疑惑のビデオ」に同氏が深くからんでいたためだった。

ビデオの存在が公になったころ、「仕掛けたのは2Hだ」という情報がどこからともなく流れた。2Hの一人が樋口氏。もう一人は、和歌山市の不動産会社「大貴産業」の波田欣二会長。波田氏は地元の「スガイ化学」の株買い占めや「南海電鉄」株の仕手戦で新聞をにぎわせただけでなく、盟友といわれる「ミタカ興産」グループの谷本勲社長と組んで、関西国際空港のお膝元《ひざもと》、泉佐野市で土地買収をさかんにやった人物。和歌山の佐々木組系西畑組の元組員で、佐々木組六代目・西畑晴夫組長とは兄弟分の関係にある。「大貴産業」には、六代目の西畑組長がひんぱんに出入りし、同組長と波田会長とが行動をともにしていることはよく知られている。

今回のビデオ疑惑の背景について、事情を知りえる立場にある複数の関係者は、口をそろえてこう言う。

「そもそも、ビデオ持ち出しを考えたのは、ビデオを隠し撮りした張本人の、北野元組長と池浦会長、それに西畑現佐々木組六代目の三人だ。狙いは『旅田つぶし』だった。北野元組長は、旅田氏の市長選初出馬のときは、旅田氏に惚《ほ》れ込《こ》んで手形回収のために一肌脱いだ貸しがある。にもかかわらず、市長になってからは季節のあいさつも途絶え、職員採用の依頼も無視され、メンツをつぶされっぱなしだった。その極めつきは、旅田氏の著書『風に向かって進め』で、『暴力団とはいっさい関わりを持たない、断固排除する』などとボロくそに書かれ、怒り心頭に発していた。池浦会長は、地元の岩出町がある和歌山県の紀北地域をエリアに事業展開するうえで、旅田側につくより西口側についた方が有利という読みがあった。六代目にとっては、ビデオは絶好の『金のなる木』だったわけだ」

## 和歌山県警が動かなかった秘密はビデオの〝警察幹部との癒着〟会話

実際、六代目組長や佐々木組の関係者が旅田氏の周辺にビデオの売り込みに行っていたことは、旅田氏自身も公言している。暴力団がらみであるところから普通の業者であれば躊躇《ちゅうちょ》してもおかしくない議会の証人喚問に、池浦会長は積極的に応じ、しゃべっている。それにしても、市長も認める組員によるビデオ売り込みは、暴力団の取り締まりに熱心な警察にとっては、格好の恐喝事件ネタとなりそうなものだが、警察が動いた気配はない。その秘密は、ビデオテープのなかに隠されていた。議会が「報告会」として市民向けに上映したときにはカットされていた。次のような元組長の会話がある。

「今日まで、警察も俺を嫌いな人間は一つもないんや。○○、○○、○○さんも○○も、全部俺の味方や。○○ちゃんからはじまって○○からはじまってね、○○はん、○○はん、みんなワイを好きでおってくれるよ」……。七、八人の警察幹部の名前がこんな形で出てくる。彼らと自分の親密さを自慢げに語るなかで、某幹部が所轄署の係長のころに「博打場《ばくち》のもりしたってくれよ」と頼まれた、というエピソードも披露している。

「友人の刑事から『ビデオ疑惑に負けるな』と激励された」という旅田市長の議会での発言に関して、県議会で見解をただされた青山幸恭・県警本部長は、「警察は不偏不党かつ公正中立な立場が当然。一般論として、いかなる立場の人であれ暴力団を容認したり利用するのは好ましくない」と述べている。

北野元組長が隠し撮りしたビデオは、一説によると億単位で買い取られたとか、波田会長が熱心に動いたのは、知事選後に「大貴産業」が開発に失敗した県内のゴルフ場用地の買い上げ密約があるとか、地元のリゾート開発業者から数百万円のカネを受け取っていたことを新聞に書かれた県最高幹部の一人が、ビデオが表沙汰《おもてざた》になる工作をしたとか、いずれにせよ、流出には黒い噂がつきまとっていた。

こうした背景を持って世に出る準備をしたビデオは、関係者によると、六代目佐々木組組長と波田会長がマスコミに流す工作をしたあと、市議会にビデオを持ち込むことを提案したのが、のちに拉致監禁された樋口氏だったという。複数の市幹部や議会関係者によると、浦市議がビデオ持ち込みのトップバッターとして登壇した議会一般質問初日の前日、「大貴産業」本社に浦市議、樋口氏らが集まり、質問の打ち合わせをしたという。そのほかにも、数人の市議、和歌山選出の代議士らが波田会長とともにビデオを見たといわれている。これを知った旅田市長が、その場にいたある議員の事務所に「波田さんは六代目の企業舎弟ということはご存じでしょう。隠し撮りに気をつけて」と忠告の電話をしたという話まである。

拉致監禁された樋口氏は、西口陣営の事務所開きや出陣式にも姿を見せることはなかったが、西口氏擁立に深くかかわっていることは知られていた。西口氏も、告示日後の遊説中、わざわざ樋口氏の自宅に立ち寄っている。

一一月五日午後八時過ぎ、テレビの「当確」で沸き返る事務所で、約八〇〇人の支援者の拍手と万歳に迎えられ、西口新知事が姿を見せた。結果は、西口氏が三〇万六六九七票、旅田氏が二四万四一〇五票。推薦した自民、新進、公明の代議士や県連幹部らに囲まれ、目にうっすら涙を浮かべた西口氏がマイクを握った。「正義と和歌山の名誉がかかった厳しい戦いだったが、全国に和歌山の良識を示すことができた」

## 逮捕監禁致傷事件で山口組系七人が逮捕される

その約三時間前、「樋口元県議無事保護」の一報が地元マスコミに流れていた。五日午前九時ごろ、県境にある大阪府泉南《せんなん》郡熊取町《くまとりちょう》の民家から逃げだして近所に助けを求め、大阪府警泉佐野署に保護されたとき、グレーのスエット上下の樋口氏は、布団に簀巻《すま》き状態で、ガムテープで目と両手首を縛られていた。不精髭《ぶしょうひげ》に覆われた顔は恐怖に引きつり、何日間も風呂に入っていないような悪臭を放っていたという。

県警は、逮捕監禁致傷事件として和歌山北署に刑事部長以下七〇人体制の捜査本部を置いた。捜査本部がなぜ、県警捜査一課ではなく北署に置かれたかといえば、捜査一課の幹部が樋口氏と個人的に親しかったうえに、ビデオで北野元組長が「ワイを好きでおってくれる」と名をあげたうちの一人だったからだ。泉佐野署に樋口氏を迎えに行ったのが、この幹部だった。

保護された樋口氏は、県警の事情聴取に対し、次のように話した。二日午前、数人の男に拳銃のようなものを両脇に押しつけられ、家の外に停《と》めた車に押し込まれ、タオルとガムテープで目隠しされたうえ両手両足を縛られた。その状態で建物に監禁され、飲まず食わず、垂れ流しで監視され続けた。監禁中、ビデオの入手経路について執拗《しつよう》に聞かれ、テープに録音することを要求された。五日午前、犯人たちが眠り込んだすきに逃げだし、近所に助けを求めた……。

県警は一六日、まず実行犯の一人として地元の暴力団、誠和会幹部を逮捕した。誠和会は、山口組直系の若頭補佐、中野太郎会長が組織する中野会（二府一一県、四四団体、九五〇人）の下部組織。二一日には、神戸市須磨《すま》区の中野会本部事務所を家宅捜索した。二二日には、誠和会の組員三人を共犯者として指名手配。

その翌日未明、和歌山市栄谷《さかえだに》の樋口氏の自宅玄関に、銃弾四発が撃ち込まれた。玄関前にはタマが一発残された回転式拳銃が投げ捨てられていた。

一二月七日までには、逮捕監禁致傷や犯人隠避容疑で誠和会の関係者ら七人が逮捕された。が、背後関係は明らかにされぬまま。二三日の発砲事件も未解決のままだ。容疑者の組員たちは、「ビデオの入手経路について樋口氏にしゃべらせテープに録音して、数千万から億単位の儲《もう》けにするつもりだった」と取調官に語ったとされるが、「そんなことをしてもカネにならない。ヤクザが動く以上、もっと巨大な背景があるはず」というのが大方の見方だ。その一つとして、関西電力が和歌山市の住友金属和歌山製鉄所西防波堤沖埋め立て地に計画しているLNG(液化天然ガス)火力発電所問題がある。関西国際空港の一期工事を上回る三兆円ともいわれる利権をめぐる、旅田前市長派と西口知事派の争いだという説もある。

## 噂や怪情報が横行しいっこうにすすまぬ事件の解明

知事選の結果を報じた一一月六日の『読売新聞』朝刊社会面に、「元県議が読売の取材に対し、ビデオの流出に直接かかわったことを認めた」という四段見出しの記事が掲載された。記事によると、この匿名の元県議は「元組長の関係者からビデオを入手した知人から、旅田つぶしに使いたいと相談を受け、写真週刊誌と市議会で取り上げるよう仕向けた」という。匿名の元県会議員とは、拉致監禁されていた樋口氏のことであることは明らかだった。なぜ、この時期に「読売」が書いたのか、樋口氏が救出された直後だっただけにあれこれ憶測を呼んだ。

「読売」記事に限らず、噂好きの和歌山県民の間で、拉致事件の背景をめぐって様々な説が流布された。「西口陣営がビデオに関与したと樋口にしゃべらせ、最後の逆転を狙った旅田派の仕業だ」「賢い旅田が、そんな手を使うはずがない。樋口が会長をしている西村工業は、杭打《くいう》ちなどで市内の主な工事をヤクザを使って押さえていた。仕事がらみのトラブルだ」「いや、樋口は県のメインバンク、紀陽銀行を裏から操る存在。樋口がからむ紀陽の不明朗な融資話を洗うのがカギ」

噂や怪情報ばかりが横行し、捜査当局による事件の解明がいっこうにすすまないのが和歌山の常だ。結局、この事件は「旅田氏のビデオ疑惑」に振り回された知事選に花を添えたほかは、利権屋にヤクザに政治家、行政マン、警察にマスコミまでからんだ「地下人脈」の蠢《うごめ》く和歌山の不可解さばかりを全国に印象づけただけだった。

知事選後、「やっぱり和歌山は近畿の恥だ」「いや、近畿のゴミだ」という自嘲めいた会話が、当の和歌山県民によって吐き捨てるように交わされた。

ビデオ問題の逆風を最後まではね返すことができず、六万票差で敗れた旅田氏は、知事選直後に衆議院一区からの出馬を表明した。

旅田氏の知事選出馬にともなって行われた一二月の和歌山市長選では、自民推薦の前県議・尾崎吉弘氏が当選。翌九六年（平成八年）二月、勝山勝司・和歌山北署長が定年を待たずに退職し、市の収入役となった。現職警察署長の収入役への異例の転身の背景には、暴力団ビデオ事件にはじまる知事選、市長選の論功行賞ゆえ、との噂がある。樋口氏拉致事件の捜査本部が置かれたのは、北署だった。大阪で保護された樋口氏を署長官舎の風呂に入れ、手厚くもてなしたのがほかならぬ勝山氏だった。

さて、旅田氏はその後も波乱の人生を送ることとなる。一九九六年一〇月、衆院選に立候補し、落選するも、九九年一月の出直し市長選に出馬し、四選を果たした。市長に復帰したものの女性スキャンダルや議案否決を受けて、「民意を問う」と二〇〇二年七月辞職。同年八月の出直し市長選に立候補したが落選。〇三年一月、建設業者からワイロを受け取った収賄容疑で逮捕・起訴されたが、同年四月の和歌山市議選に獄中立候補し、トップ当選した。〇六年七月、和歌山市長選に出馬したが落選。翌〇七年四月、市会議員選挙に立候補し三選を果たした。

しかし、二〇一〇年二月、最高裁で旅田氏の収賄・背任罪の実刑判決が確定し、市議を失職。同年三月収監され、二〇一三年二月、兵庫県加古川市の加古川刑務所から満期出所した。一部報道によると旅田氏は今、和歌山市内でカラオケ喫茶を営み、客の悩み相談に乗っているという。

# 第10章　阪和銀行の暴力団融資と副頭取射殺事件の全貌《ぜんぼう》

## 暴力団企業への融資にメスが入った経緯

銀行としては戦後初の業務停止命令を受けた阪和銀行（和歌山市）の〝恥部〟が暴かれたのは、破綻《はたん》からまる一年を迎えようとしていた九七年（平成九年）秋のことだった。

その四年前の九三年（平成五年）夏、同行の小山友三郎副頭取（六二）が自宅前で何者かに射殺されて以来、くすぶり続けていた和歌山の山口組系暴力団組長関係企業への不正融資疑惑に捜査のメスが入ったのである。一一月三日、和歌山県警捜査二課は、橋本竹治《はしもとたけじ》元頭取（七〇）をはじめ、長尾正行元常務（六七）、元本店営業部長の日原昌彦事務部取締役部長（五五）の同行旧経営陣三人と融資先である不動産会社「和興開発」（和歌山市）の前田喬元社長（六五）、前田元社長の長男で「三共土地開発」の前田雅生社長（四四）ら二人の計五人を特別背任容疑で逮捕、山口組直参の佐々木組（和歌山市）・西畑晴夫組長（五五）と妻（五三）を指名手配した（年齢はいずれも当時）。

調べによると、同行の経営陣を中傷した月刊誌記事の連載中止工作の見返りとして、回収の見込みがないのに九二年一一月三〇日、三共土地開発に約二億三〇〇〇万円を貸し付け、同行に損害を与えたというもので、特別背任容疑の公訴時効（五年）寸前だった。同様に九二年八月一八日に実行された三億六〇〇〇万円の融資は、すでに時効になっていた。

計五億九〇〇〇万円もの不正融資は、和歌山県警の捜査、同行の内部資料や関係者の証言などによると、次のような経緯で行われた。

まず、発端になった記事は、東京の月刊誌『ＳＥＩＫＡＩ』（恩田貢社長）が、九一年九月号から株主総会を控えた九二年五月号にかけて計五回、断続的に掲載した同行経営陣への批判キャンペーン。

阪和側は当初、「和歌山市内での発行部数やその内容などから、三流のブラックジャーナル誌に過ぎない。記事で業務が特段の影響を受けるわけではない」と無視していた。

ところが、「富士住建に二〇〇〇億円融資した阪和銀行の危機」と題した九一年一一月号で、福田秀男頭取（当時）の長男である福田文七郎常務取締役（当時）を、「阪和銀行のエイズ」などと中傷し、私生活にまで攻撃の矢を向けてきた。たまりかねた同常務は、同年一二月二五日、政界出版社を相手に損害賠償を求める民事訴訟を起こした。この損害賠償訴訟は、同行常務会メンバーの反対を押し切っておこなわれたため、福田常務の個人的な行為として扱われ、同行として支援するということはなかった。

当時、橋本副頭取は、この訴訟に対して、「裁判するなら、銀行を辞めてからにしてほしい」と、言ったといわれている。

個人攻撃とはいえ、銀行の体面にかかわる中傷記事に同行首脳陣が冷ややかな対応をしたのは、内部に熾烈《しれつ》な派閥争いがあったからである。

一九四一年（昭和一六年）、興紀無尽として設立されて以来、創業者の「福田一族」が主要な役員を固める典型的な同族会社だった阪和銀行は、『ＳＥＩＫＡＩ』のキャンペーン当時、二五年間にわたってトップに君臨してきた福田頭取のもと、長男の文七郎常務、おいの橋本副頭取（当時）、またいとこの小山専務（当時）の三人が派閥をつくり、頭取の座を争っていた。

## 月刊誌が張った中傷キャンペーンが嚆矢となった

『ＳＥＩＫＡＩ』の中傷キャンペーンは年が明けた九二年に入っても続き、今度は攻撃の矢が、橋本副頭取に向かってきた。たとえば、九二年二月号では、福田頭取や橋本副頭取にインサイダー取引疑惑があり、莫大《ばくだい》な利益を得たとする記事が掲載され、同年四月号には、以前ばらまかれたとする阪和銀行の「内部告発文書」の引用として、「橋本専務、貴方が福田部長を操っている黒幕と、皆言うているよ。奴を泳がして、自分が経営を牛耳っているつもりらしいが、いつから社長代行となった？」などと書かれるようになった。

この時期、同行では、不良債権問題の責任をとって四半世紀にわたってトップの座にあった福田秀男頭取が引退し、後任として橋本副頭取が就任することが決まっていた。巨額の焦げつきを出していた系列ノンバンクに対する融資の指揮をとっていた福田文七郎常務を解任することも決定していた。そうしたことから、橋本副頭取は、『ＳＥＩＫＡＩ』の同行役員に対する中傷記事は、「小山専務が、福田常務や自分の失脚を狙って書かせていた」と憶測。立腹しながらも、頭取の座を目の前にして、「下手に行動を起こせば、逆に小山専務に利用されかねない」と考え、記事については、特段の対抗措置はとらなかったという。

その後、四月に入って橋本副頭取は、知人から『ＳＥＩＫＡＩ』記事について、「何らかの手を打っておいた方がよい」と忠告された。その友人は『ＳＥＩＫＡＩ』と話ができる人物として、「和興開発」の前田喬社長の名前をあげ、「紹介してもいい」と言った。

この申し出に、同副頭取は、とりあえず同行総務部長（当時）を前田社長に会わせたところ、同社長から「『政界』の恩田社長を知っている。阪和銀行と恩田社長との間の話し合いを取り持つことができる」と持ちかけられた。しかし、同総務部長は、前田社長の話の内容から判断して、中傷記事に対する同行の方針に従って、『『ＳＥＩＫＡＩ』に対応する気はない」と同社長に返事して、この場は引き揚げた。総務部長からこの報告を受けた同副頭取も同様の考えから、前田社長の申し出に応じることなく、従来通り静観の姿勢をとった。

　ところが、この阪和銀行側からの接触が、前田社長にある思惑をめぐらせた。それは、『『ＳＥＩＫＡＩ』記事を中止させることができれば、阪和銀行から融資を引き出せるのではないか」というものだった。

当時前田社長が経営する「和興開発」は、多額の負債を抱え、借入金の返済に追われていた。

たとえば、地元和歌山第一の地銀・紀陽銀行から約五〇〇億円もの融資を受け、八七年（昭和六二年）から始めた和歌山市北部の山林約三〇〇ヘクタールのリゾート開発「フォレストシティ」計画は、バブルによる地価上昇で土地買収費が高騰。ゴルフ場建設や宅地開発にともなう農薬汚染や交通渋滞、森林伐採にともなう山崩れや浸水被害などを危惧《きぐ》する地権者や周辺住民から強い反対運動も起こったため、予定通り開発許可を得ることはできなくなっていた。

　このため、借入金は五〇〇億円、累積赤字は一一八億円にも達していた（九三年一〇月末）。前田社長は、ほかに不動産業「芙蓉」（和歌山市）など数社を経営していたが、和歌山県商工信用組合（県信）から借り入れていた多額の借入金を焦げつかせ、債務保証も三七〇億円以上になっていた。資金繰りのため、前田社長は個人名義で街金業者からもカネを借り、負債は二〇億円以上になるなど金利の支払いに追われていた。

　一方、阪和銀行の不正融資先になった「三共土地開発」は、八九年一月、前田社長の長男である「和興開発」の前田雅生取締役を社長に設立された会社で、喬社長が監査役に就任するとともに、設立時、山口組系佐々木組の西畑晴夫組長や右翼団体・勝共連合の山下準三幹部構成員が役員に就任した。しかし、「暴力団組長が役員の会社には、金融機関から融資はうけられない」として、設立して一ヵ月後の同年二月、西畑組長を退任させて、代わりに同組長の妻を取締役に就任させた。が、これはあくまで、登記上のことで、後で述べるように、西畑組長は「三共土地開発」の事業にかかわり続けた。

その「三共土地開発」も、土地開発事業が次々失敗し、九二年一〇月末には一五億円以上、九三年一〇月末には二二億円以上の借入金を抱え、金利の支払いに追われていた。雅生社長も「三共土地開発」の資金繰りのため、街金業者からカネを借り入れ始め、二十数億円もの個人債務を負うようになった。雅生社長は、「三共土地開発」とは別に、九〇年一二月、西畑組長とともに、二人の名前からとった不動産会社「西雅開発」（和歌山市）をつくったが、九三年当時、約七億円の負債を焦げつかせ、休眠状態にあった。

## 記事差し止め工作の成功も暴力団に決定的弱みを握られる

このように、長男の雅生社長の借金を含め巨額の借入金の返済に追われていた「和興開発」の前田社長にとって、さきの、『ＳＥＩＫＡＩ』記事問題は、「千載一遇」のチャンスだったわけである。

さっそく行動を開始した前田社長は、知人で、「和興開発」社長室付の名刺を与え、「フォレストシティ」計画の土地買収に使っていた不動産業者「東洋都市開発」（大阪市）の西村嘉一郎社長を通じ、政界出版社の恩田社長に対して阪和銀行の記事掲載中止を働きかける一方、五月中旬、知り合いだった西畑組長の紹介で、同組長と面識のあった小山専務（当時）に阪和銀行本店で面談。あらかじめ入手していた『ＳＥＩＫＡＩ』六月号の記事のゲラ刷りを渡し、記事掲載中止に向け、恩田社長と話をしてやると、申し出た。この申し出を受け入れた小山専務は、橋本副頭取に『ＳＥＩＫＡＩ』の件は、自分の方で対処したい」と、申し入れた。

橋本副頭取は、ここでも「小山専務の申し入れを拒否すれば、同専務の反撃にあう」と思い、申し入れを了承したという。その後、前田社長と西畑組長が、しばしば阪和銀行本店に小山専務を訪ねてくるようになったことから、橋本副頭取は記事差し止め工作に、同社長とともに暴力団組長も関与していることを知ったという。こうして、五月二七日、大阪・ミナミの料亭に、小山専務、前田社長、西村「東洋都市開発」社長、恩田貢社長、執筆者らが集まり、福田常務が政界出版社を相手どって起こした損害賠償請求訴訟を取り下げることを条件に、『SEIKAI』の連載記事中止が決まった。

「阪和銀行」の内部文書によると、小山専務の『SEIKAI』記事差し止め工作のための、前田社長との接触、交渉、さらに和解のための会談は、「福田頭取（当時）の了承を得て」、おこなわれたものであることが記されている。

ここで、『SEIKAI』工作は成功したが、すでに暴力団組長の助けを借りたという決定的な弱みを握られていたところに、橋本副頭取のあいまいな態度が前田社長らにつけいるスキを与えた。橋本副頭取は、小山専務から会談の報告を受け、訴訟取り下げについて、福田常務の説得を依頼され、了承した。しかし、直接、同常務に伝えることができず、損害賠償訴訟の代理人弁護士を通じて、説得しようと試みたものの、同弁護士に拒否され、取引条件である訴訟取り下げの約束は履行できずに終わっていた。その上、福田常務が、『SEIKAI』記事を書いたライターらをあらたに名誉毀損で刑事告訴していたことがわかった。

このため、前田社長と西畑組長は、「約束が違う」と小山専務にたびたび抗議。六月一五日には、阪和銀行本店で、橋本副頭取は小山専務から、前田社長に引き合わされ、同社長から損害賠償訴訟の取り下げの約束が守られていないと、詰め寄られた。しかし、橋本副頭取はハッキリした返事もできず、やはり、あいまいな態度に終始した。

## 見返りに要求されて行った副頭取主導の融資

そんな中、阪和銀行の株主総会が開かれ、六月二六日付で橋本副頭取は頭取に、小山専務は副頭取に就任した。

阪和銀行の新経営陣は、前田社長側にとって好都合な布陣だった。訴訟取り下げの約束が履行されなかったことに乗じて、差し止め工作の見返りとして、融資を引き出そうと考え、七月上旬、西畑組長とともに阪和銀行本店に小山新副頭取を訪ね、三共土地開発か西雅開発への融資を申し込んだ。

小山副頭取が主導の不正融資はここから始まった。

前田社長らから融資の申し込みを受けた小山副頭取は、橋本新頭取に、融資の申し込みの事実を伝え、『ＳＥＩＫＡＩ』の件で世話になったので断るわけにはいかない」と報告した。橋本頭取は、典型的な見返り融資で、まったく取引関係のない相手方に対するいわゆるトップ貸しで、焦げつきの危険性が高い、銀行としてはおよそやってはならない融資であるとわかっていたが、ここでも、小山副頭取に民事訴訟の取り下げ失敗の責任を追及されたり、『ＳＥＩＫＡＩ』記事を利用して就任したばかりの頭取の座から引き落とされるのではないか、と恐れた。そのため、「融資の申し入れを拒否するよう」指示することもできず、融資するともしないともあいまいな態度に終始した。

前田社長は、融資話をスムーズにすすめるためには、トップの橋本頭取に直接依頼した方が得策と考え、七月一四日、一人で阪和銀行本店に同頭取を訪ね、融資を要請した。同頭取は、「小山副頭取に任せてある」と答えるばかりで、やはりハッキリと回答せず、あいまいな態度をとった。終始一貫、煮え切らない態度をとり続けた橋本頭取に対して、小山副頭取は積極的だった。同副頭取は、前田社長に、実績づくりのため阪和銀行に定期預金をするよう求め、同社長は知人から一時的に五〇〇〇万円借りて、前田雅生名義の定期預金証書をつくった。

七月二二日、前田社長は長男の雅生社長を連れて、阪和銀行本店に小山副頭取を訪ね、二〇億～三〇億円程度の事業資金の融資を申し込んだ。しかし、「一度に多額の融資は無理」と断られた。そこで、前田親子は出直し、相談の末、当時「和興開発」が所有していた和歌山市東釘貫丁《ひがしくぎぬきちょう》の更地を担保に、「西雅開発」名義で五億円程度の融資を申し込むことにして、翌二三日、再び小山副頭取を訪ねた。

小山副頭取は、前田親子が来行する前、日原昌彦営業部長（当時）と同部長代理に、前田社長らに『ＳＥＩＫＡＩ』の件で世話になったことの見返りに、五億円程度の融資をしなければならない」と説明。その上で、前田親子の申し込みの席に同席させ、融資の概要を聞かせ、前田社長らが持参した、「西雅開発」の商業登記簿謄本や決算報告書、担保物件の登記簿謄本を受け取らせた。

日原営業部長と同部長代理が、ただちに「西雅開発」の登記簿謄本や決算報告書などを精査した結果、代表取締役は西畑組長の妻であるなど暴力団関係企業であることが判明。資本金一〇〇〇万円に対して、四六〇〇万円以上の欠損があり、借入金も七億円以上にのぼるなど、経営状態もおよそまともな会社ではなかった。こんな会社に融資をすれば「不正融資として問題になることは明らかだった」ことから、二人は、小山副頭取の部屋を訪れ、「融資はできない」と進言。しかし、小山副頭取は、その進言を受け入れず、目の前で前田社長に電話。「借り入れ先を別の会社にするよう」依頼し、日原部長らに、その別会社に融資するよう指示した。

その別会社が、問題の「三共土地開発」だった。

小山副頭取から指示を受けた日原部長らは、とりあえず、和歌山市東釘貫丁の担保物件である土地を調査。大体、時価三億六〇〇〇万円程度と判断し、融資額は担保価格の七〇％となっていたことから、二億五二〇〇万円程度が融資限度額と算定した。しかし、小山副頭取から、「五億円程度の融資をするよう」指示されていたことから、「せめて時価の範囲である三億六〇〇〇万円程度にとどめてほしい」と考えたという。

翌七月二四日、阪和銀行本店営業部を訪れた「三共土地開発」の前田雅生社長は、日原営業部長と同部長代理に、同土地開発の商業登記簿謄本と決算報告書を渡し、「西雅開発」に差し替えて、同土地開発に融資してほしいと申し入れた。前日、電話で小山副頭取と打ち合わせした「別会社」である。

日原営業部長らは、すぐ、登記簿謄本を調査したところ、役員に西畑組長の妻や右翼団体・勝共連合の山下準三幹部構成員が就任していたことが判明。決算報告書は、設立以来三期連続の赤字で、累積額は三億二〇〇〇万円にのぼり、業績が上向くような材料は何一つなかった。日原部長らは、「西雅開発」の時と同様に、小山副頭取に「いくら担保があってもとても融資できる案件ではない」と進言した。しかし、小山副頭取は、「前田社長には世話になっている。どうしても融資しなければならない。橋本頭取も了解している」と二人に告げ、その融資額は「担保物件の時価相当額である三億六〇〇〇万円で構わない」と言い、融資稟議《りんぎ》書作成手続きを指示した。

## 地位を守るため「不正融資でも仕方ない」と判断した頭取

こうして、小山副頭取の指示で本店営業部は、「三共土地開発」に対する三億六〇〇〇万円の融資案件をすすめることになったが、日原部長は気がすすまなかった。融資の稟議書を上げるための手続きにはすぐにかからず、審査部長や審査担当の長尾取締役（当時）に相談したが、融資を回避できる方法は見いだせずにいた。

その一方で、「和興開発」の前田社長は、「三共土地開発」の雅生社長とともに、七月二九日、小山副頭取を訪ね、融資の早期実行を依頼。同月三〇日には、前田社長一人で、橋本頭取を訪ね、同様に早く融資をするよう求めた。これに対して、橋本頭取は、「小山に任せてある」と答えるだけで、明確な回答を避けた。

八月上旬、橋本頭取は、小山副頭取から、「前田社長への融資は実行しなくてはならない。営業部にもその用意をするように指示している」との報告を受けた。同頭取は、小山副頭取がそこまで手続きを具体的にすすめていることを知り、「ここで融資を止めれば、銀行内外で混乱が起き、自分へのマイナス評価となる。小山副頭取から混乱の責任をとって退陣を求められるのでは」と恐れ、融資は実行せざるをえないと判断するようになった、という。

八月五日、橋本頭取は、前田社長の訪問を受けた。内心融資はやむなしと考えていたが、再度の融資早期実行依頼に、同頭取は、前回同様、「小山副頭取に任せてある」と答えるだけだった。

ところで、「不正融資」と認識していたことから、具体的な融資手続きをストップしていた日原営業部長は、重ねて小山副頭取に急ぐよう指示されたが、「トップの橋本頭取が本当に了解してのことか、不安になった」ため、同頭取室を訪ね、調査結果にもとづいて、融資の不明朗さを説明、理由を問いただした。これに対して、同頭取は、『ＳＥＩＫＡＩ』記事差し止めの経緯を明らかにして、融資を実行するよう日原部長に指示した。

この時の日原部長の説明に、同頭取は前田社長が要求している融資金が、「暴力団関係赤字会社に流れ、焦げつく危険性が極めて大」と判断したものの、「頭取の地位を守るためには、融資を行うことも仕方がない」と思ったという。

「不正融資」への不満は、営業部長だけではなく、審査部長も抱いていた。審査部長は、橋本頭取室に出向き、「西畑みたいな暴力団の絡んでいる会社に融資したら絶対あかんのと違いますか。一回融資したらこれだけで済まんの違いますか」と忠告。しかし、同頭取はまともに答えないまま、「そのことやったら日原に任せてある。日原に聞いてくれ」と、いっさい耳を貸さなかったという。

## 審査部の反対意見も無視して融資実行

こうした経緯を経て、日原営業部長は、同部長代理と同貸付係長に指示して、返済期限を二年間とした「三共土地開発」に対する三億六〇〇〇万円融資の稟議書類一式をつくらせた。担保として差し入れられた「東釘貫丁」の土地の時価評価額は、三億六二九六万四〇〇〇円、担保価格が二億五四〇七万四〇〇〇円と算定され、実質与信額が一億五九二万六〇〇〇円と、一億円を超えたため、銀行首脳陣による常務会付議案件として処理されることになった。

担保価格を一億円も上回る三億六〇〇〇万円の過剰融資の保証人は、前田社長親子がなったが、二人とも巨額の債務を抱え、金利の支払いに追われるなど、その資格はなかった。融資の返済方法・財源は、「三共土地開発」が和歌山市の観光地・新和歌浦に所有していた廃館したホテル北村荘とその跡地の売却となっていたが、同物件にはすでに県信が六億四〇〇〇万円の根抵当権を設定しており、担保価値はゼロだった。

八月一一日、稟議書類一式が同行審査部に回された。融資案件が常務会付議案件であったことから、本来は、審査部での審査終了後、常務会の場で、担当役員または審査部長から、説明を受けた上、同常務会メンバーによる審議がおこなわれ、最終的には頭取が融資を実行するかどうかの決定を下すことになっていた。ところが、「三共土地開発」の融資は、審査部の審査がおこなわれる前の同日午前八時三〇分ごろから開かれた常務会で、実行が簡単に決まった。

後先逆の異例の手続きで決まった融資案件について、審査部は、審査記録表の決裁欄に「否」と記載し、反対意見であることを明らかにして担当の長尾常務に稟議書類一式を回した。しかし、融資の実行は決まっていたため、審査部の反対意見は無視された。常務会メンバーには、融資に関する付議案件議事録だけが回され、橋本頭取をはじめメンバーが押印した。

こうして八月一八日、融資は実行され、三億六〇〇〇万円から二ヵ月分の利息を差し引いた残りの約三億五三〇〇万円が阪和銀行本店に開設された「三共土地開発」の普通預金口座に振り込まれた。この融資金は、即日、約一億七四二三万円が「東釘貫丁」の土地に設定されていた抵当権を抹消するために使われた。また六一〇〇万円は前田社長の、一億九〇〇〇万円は長男・雅生「三共土地開発」社長の借入金返済に消えた。

「三共土地開発」への融資の経緯を書いた内部文書が手元にある。その内部文書「当初の経緯」によると、「三共土地開発」への融資は、「小山副頭取が『銀行の為必要があって、政策的に行う融資で頭取の了解も取っている』と稟議書作成を強く指示された」もので、「通常の流れは審査部から付議」するのに、「常務会への付議は小山副頭取から行われた」と、小山副頭取が「不正融資」のキーマンであったことを示唆。また、前田社長への五億円程度の融資は、当初は「一〇億とも三〇億とも言われたが五億に押さえたとの話あり」とも、記述されている。

この「不正融資」は、次の「不正融資」を生むとして、行内で反発が広がった。

たとえば、関連ノンバンク「阪和ギャランティ・ファイナンス」の常務取締役（当時）は、頭取室を訪ね橋本頭取に、「あんな融資はあかんのちゃうか。腐った融資して」と談判した。しかし、橋本頭取は、「あれは友さん（小山友三郎副頭取）にはめられたんや」と弁解したため、同常務はさらに「ヤクザに一回貸せば、一回で済まずに、二回、三回続けて金を貸せと言ってつけ込まれる。ヤクザ相手の融資なんか、融資やなくてカネやったのと同じと違うか」と進言したが、同頭取の返答は要領を得ないものだった。

一方、三億六〇〇〇万円の融資の担保になった「東釘貫丁」について、「三共土地開発」の前田雅生社長は、買い手を探していたが、九二年秋、和歌山市内のパチンコ業者との間で、土地の半分を二億三五〇〇万円で売却する話がまとまった。こうしたことから、同年一一月一七日、三億六〇〇〇万円の融資のうち二億円が阪和銀行に返済された。

## 危惧した通りに二度目の融資話が舞い込む

ところが、融資金の一部返済計画がすすんでいたところ、すでに関係者が危惧した通り、二度目の融資話が阪和銀行に持ち込まれていた。

当時、前田社長や西畑組長には以下のような事情が生じていた。

まず、前田社長は、地元の和歌山信用金庫から、子会社「芙蓉」所有地が担保になっている知人の債務五四〇〇万円の第三者弁済を要求されていた。このため、同社長は、県信に「芙蓉」名義で弁済資金の融資を申し込んだが、県信から「芙蓉名義ですでに六億円近く貸し出している」と、拒否された。

一方で前田社長は、知人から購入した和歌山市畑屋敷のビルと敷地を九一年一一月、西畑組長に売却し、その際、「芙蓉」名義で同ビルを担保に、県信から二億円の融資を受けてやり、それで同ビル売買代金の返済を決裁していた。そこで、同社長は、「芙蓉」が県信から新規の融資を受けるため、西畑組長を借り主にした融資で残金を返済させ、「芙蓉」の借入枠を広げようと考えた。こうして、同社長は、西畑組長への借り換えを県信に申し入れたが、同信組は「暴力団組長には融資はできない」と、ここでも拒否された。資金繰りは完全に行き詰まっていた。

西畑組長はといえば、「芙蓉」名義で受けていた融資の返済金が九二年一〇月分から滞るようになっていた。こうした時期に、同組長が、「阪和銀行から融資をうけて借入金の借り換えができないか」と、前田社長に相談したことから、両者の思惑が一致。「三共土地開発」に対する一回目の融資金の一部返済で実績ができる上、今度は、『ＳＥＩＫＡＩ』連載記事中止のため働いた西畑組長に対する「見返り融資」

にすれば、依頼しやすいと考え、一〇月一六日、二人は阪和銀行本店に小山副頭取を訪ね、二回目の融資を申し込んだ。

融資の理由は、西畑組長が「芙蓉」から畑屋敷ビルを購入する資金と説明した。これに対して、同副頭取は、西畑組長を貸付先にすることには難色を示したものの、再度の融資については前向きの回答をした。

一一月初め、「三共土地開発」の前田雅生社長は、西畑組長と父親の前田喬社長から、阪和銀行に畑屋敷ビルの購入資金の融資を申し込むよう頼まれ、阪和銀行本店営業部を訪問したが、同部長代理に「暴力団には融資できない」と断られた。その際、雅生社長は、同部長代理の口ぶりから、西畑組長への融資について、小山副頭取の指示が下へ伝わっていないと理解し、その旨、同組長に報告したという。

その数日後、事態は一変した。雅生社長は、西畑組長から同組長宅に呼び出され、同組長と居合わせた父親の前田喬社長から、「阪和銀行との話がついた。もう一度、融資を申し込んでほしい」と頼まれたのである。

## 暴力団組長への迂回融資というカラクリ

激変の震源地は、当の阪和銀行内部にあった。

一一月一二日、小山副頭取は日原営業部長を呼び、「畑屋敷ビルを担保に前回融資の返済分に見合う融資を、前回分と合わせ五億円の範囲でもう一度するよう」指示した。日原部長と同部長代理が、さっそく、担保物件である畑屋敷ビルの現況を確認したところ、同ビルの入り口には、「西畑ビル」の表示があり、同ビル前にも「西畑ビル」と書かれた大きな看板が掲げられていた。どう見ても暴力団・西畑組長の所有ビルだったことから、翌一三日、小山副頭取に、「西畑ビル」の概要を説明し、「担保価値が乏しい」と報告した。しかし、同副頭取は、日原部長らの報告を聞き置くだけで、融資中止の指示は出さなかった。

橋本頭取は一一月上旬から中旬にかけて、小山副頭取から、①前田社長から再度の融資依頼があったこと②第一回融資分について二億円の返済があるので、二回目融資の申し入れは承諾せざるをえない——との報告を受けた。同頭取は、ここで拒否すれば、小山副頭取との間がこじれ、同副頭取から『ＳＥＩＫＡＩ』を使って先の融資を「不正融資」と攻撃され、頭取としての生命が絶たれると思ったといい、結局、二回目の融資も拒否できず、黙認した。

こうして阪和銀行内部での根回しが済んだ一一月中旬、「三共土地開発」の前田雅生社長は、阪和銀行本店営業部に出向き、同部長代理に、一回目融資の担保になった「東釘貫丁」の土地売買の日取りが決まった旨説明し、同土地につけられた担保を抹消するよう求めるとともに、西畑組長への融資を再度依頼した。

これに対して同部長代理は、小山副頭取から日原営業部長を通して追加融資の指示を受けていたことから、今回はこの申し出を拒否できなかった。かといって、暴力団組長やその関係者への直接融資はできなかった。そこで、「阪和銀行としては、あくまで三共土地開発に融資することにするので、それを同社の役員（西畑組長の妻）に貸し付けることにしてほしい」と頼んだ。こうして、西畑組長が、西畑ビル（畑屋敷ビル）を購入する資金は、「三共土地開発」名義で阪和銀行からの融資金、つまり迂《う》回《かい》融資で賄うことが決まった。

この直後、前田親子、西畑組長は、同組長宅に集まり、融資金額を相談。その結果、とりあえず二億八○○○万円で申し込むことを決め、「西畑ビル」の「芙蓉」からの買い主は、西畑組長の名前が出ることをさけるため、同組長の妻とした売買契約書を用意した。

さきにも書いたように、一一月一七日、「東釘貫丁」の土地の売買代金の中から、二億円が第一回融資の一部返済金として阪和銀行に支払われた。

これを受け翌一八日、前田社長と西畑組長は阪和銀行本店に小山副頭取を訪ね、「今回の追加融資は一一月三〇日までに実行してほしい」と申し入れた。同副頭取は、ただちにこれを了承し、日原部長と同部長代理を呼び、一一月三〇日までに追加融資をするよう指示した。

その後、前田社長から、「阪和銀行から融資を受ける手続きをただちにすすめるよう」指示を受けた雅生社長は、「西畑ビル」の売買契約書や登記簿謄本など必要書類を持参し、阪和銀行本店営業部に出向き、同部長代理に二億八〇〇〇万円の融資を申し入れた。

これに対して、阪和銀行営業部は、予想される焦げつきによる損失をできるだけ少なくするため、追加担保として、「三共土地開発」所有の廃屋ホテル・北村荘と取引実績をつくるため同銀行に預けられた雅生社長名義の五〇〇〇万円の定期預金を要求した。このうち、五〇〇〇万円の定期は、もともと他人から借りた「見せ金」であったため、担保として提供できなかった。このため、融資金額は申込金からこの五〇〇〇万円分を差し引いた二億三〇〇〇万円とすることになった。

橋本頭取は、小山副頭取から追加融資金額は二億三〇〇〇万円とすることにした旨の報告を受け、これまでと同じように、「自己保身」からこれを了承した。

## 本店営業部からの「融資すべきでない」との記載

「三共土地開発」に対する第二回融資金額が決まったことから、本店営業部は、融資の決裁を受けるため手続きをすすめ、返済期限を七年とする「三共土地開発」に対する二億三〇〇〇万円の融資の稟議書類一式を作成した。

ところで、融資の担保になった「西畑ビル」と「北村荘」は、ともに担保価値が低いものだった。

「西畑ビル」には、すでに一階で組長の妻がゲーム喫茶店を、三階では西畑組長が麻雀店をそれぞれ経営し、二階には同組長が経営する有限会社・日晴土木と三共土地開発の事務所がおかれていた。「西畑ビル」の大きな看板がかかった同ビルは、融資が実行されれば登記簿上、組長の妻名義になり、実質的に組長所有ビルになることがわかっていた。このため、営業部としては、敷地のみ路線価で、八一九八万七〇〇〇円と時価評価し、担保価格は五七三九万円と算定した。

「北村荘」は、七億三二四七万八〇〇〇円と時価評価し、担保価格は五億一二七三万四〇〇〇円と算定したが、すでに県信が六億四〇〇〇万円の根抵当権を設定していたため、担保余力はなかった。一回目の融資で担保にした「東釘貫丁」の一部売却後の残りの土地も共同担保とした。残地の担保価格は一億一五二二万六〇〇〇円と算定され、一回目の融資残高一億六〇〇〇万円をも下回っていた。

一回目の融資残高と追加融資を加えると「三共土地開発」に対する融資総額は三億九〇〇〇万円になるのに、担保余力は先の「東釘貫丁」の土地と西畑ビルの土地を合わせた一億七二六一万六〇〇〇円にすぎなかった。その実質与信額は二億一七三八万四〇〇〇円に膨れあがった。

こうして、二回目融資も常務会付議案件になった。

二回目の融資は一回目以上に焦げつくことが明らかになったことから、日原部長も同部長代理も「融資すべき案件ではない」と、審査記録表には、審査部や常務会メンバーが一読すれば、融資実態がわかるよう記載した。

たとえば、今回の「三共土地開発」への融資が実質的には西畑組長に行く、同組長の妻への迂回融資であることがわかるように、「資金使途・調達方法」の欄に、「同社役員に対する貸付金――※取締役西畑佐登美」と記載。「店内回議意見」欄にも、「自社役員西畑佐登美に対する貸付金――※西畑佐登美収益物件購入」と記載した。

また、審査記録表の「返済方法・財源」欄に、「同社は大きな赤字経営にて償還能力は無いも、本件は西畑佐登美よりの毎月返済金より引当てとなります」と記載し、融資先である「三共土地開発」には返済能力がないことを明らかにした上、「三共土地開発」とは別の者が返済することを明記して、迂回融資であることがわかるようにした。

さらに、審査記録表の「店内回議意見」欄に、「保全」ということで、担保余力、正味与信の金額を明記した上で、「上記の通り実質与信大幅に増加し、又時価余力でも不足する状況にて保全面は弱いものです」と書き込み、「保全」面も脆弱《ぜいじゃく》であることを明確にした。

こういった記載をした上で、営業部長代理は、審査記録表の「役付者総合意見」欄に、「資金使途、返済財源、担保物件等について一考を要す。前回リンギより三〇〇〇万円増加　本件ご検討下さい」と書き込んだ。

日原部長は、「店長意見及び取引条件」欄に、「担保余力減少。企業体力、使途等より一考を要す案件なるも、諸般の情勢をふまえ、御検討いただきたく存じます」と記載し、営業が積極的に取り組んだ融資ではなく、決裁権者に決めてもらいたいとの趣旨のことばで締めくくった。

稟議書類一式は、一一月二六日、審査部に回された。

その初審をした審査部次長は、内容からして回収不能となる融資案件と判断。

本店営業部から上がってきた「審査記録表」の「審査所見」欄に、「三共土地開発」が自社取締役である西畑佐登美に融資金を貸し付けるのは、商法二六五条に該当するという意味を込めて、「不動産購入資金（役員所有不動産……商法二六五条抵触）」と記載したほか、「三／一〇期決算内容より判断、返済不可購入物件の収益にかかるも現状困難と思われる入担物件処分性、企業内容等勘案、保全面脆弱」と書き込んだ上で、「結論」の欄に、「企業内容、入担物件の処分性、又法人設立経緯等々総合的に判断し回避致したい案件。ご検討下さい」と明確な否決意見をつけて、稟議書類一式を、常務会付議案件議事録とその説明資料とともに審査部長に回した。

審査記録を一見した審査部長も、およそ回収不能の案件と判断し、一回目の融資と同様、否決すべき案件として、審査部長の「印」は押さず、一一月二六日、担当の長尾取締役に稟議書類一式を引き継いだ。

## 審査部長の決済印なしに持ち回り常務会で即日融資

ところが、審査部長の決裁印がなかったにもかかわらず、一一月三〇日、稟議書は持ち回り常務会に諮られ、即日、融資が実行されたのである。

融資の経緯を明らかにした阪和銀行の内部文書によると、「(平成) 四・一一月末頃、小山副頭取を通じて急を要する案件として二三〇百万円の貸出稟議書が常務会案件として上申される」とあり、行内には反対の空気が強かったにもかかわらず、融資が実行された背景に「対外的な信用保持と小山副頭取 (否決の場合) の性格、気質からリアクション、マスコミ工作の依頼人の関係 (相手先) などに強い危惧を持つことから、二〇〇百万円の回収後反復貸出で応諾、持ち回りで回付しH・四・一一・三〇・常務会可決・決裁、同日実行 (代表権を持った小山副頭取の約束した貸出案件との印象が強い)」があったことが記されている。

ところで、三〇日の融資実行までには、ちょっとしたハプニングがあった。

本店営業部では、「三共土地開発」に対する融資がトップダウンで決まっていたところから、三〇日午後一時に融資を実行すると関係者に連絡。同日午後一時ごろには、前田社長、前田雅生「三共土地開発」社長、西畑組長が本店営業部に詰めかけていた。ところが、ここで融資の決裁がまだで、稟議書が頭取室に入ったままの状態であることがわかった。あわてて日原部長が頭取室に出向き、同頭取の決裁を仰いだ。

これに対して、同頭取は手元の書類の中から、稟議書を選び出し、読み始めた。逡巡《しゅんじゅん》する頭取に、日原部長は口頭で、暴力団組長の妻名義のビルになることや担保価値がほとんどないことをあらためて説明した。しかし、同頭取は拒否すれば小山副頭取から『ＳＥＩＫＡＩ』を使った攻撃を受け、頭取の座を失いかねないとの不安にかられ、結局、審査記録表の可決欄と常務会付議案件議事録の頭取欄にそれぞれ押印した。

こうして決裁が終わった二回目の融資金一億三〇〇〇万円は同日、あらたに開設された「三共土地開発」の口座に振り込まれた。

この融資金は、実行時の一一月三〇日、うち一億七五一六万五七〇七円が「西畑ビル」に設定されていた抵当権を抹消するため県信に支払われ、一部は一回目融資の利息として阪和銀行に払い込まれるなどした。その後、西畑組長が三回にわたって計三七〇〇万円を引き出し、自分の借金の返済に充てた。西畑組長には、二回目の融資金を返済する財源は何もなかったことから、この中から九二年一二月分、九三年一月分、同二月分、同三月分（一部）の返済金を賄うなどした。

しかし、四月分以降は支払いはまったく止まった。

そんな最中の九三年七月、福田元常務が起こした損害賠償訴訟は、「政界」側が一〇〇万円を支払うということで和解した。和解に前後して、小山副頭取ら関係者が大阪・ミナミの料亭で会合したという噂《うわさ》が流れていたが、その直後に起こったのが「三共土地開発」の融資をリードした同副頭取の射殺事件である。

## 破綻の引き金となった自宅前での小山副頭取射殺事件

八月五日午前七時五〇分ごろ、和歌山市堀止西二の自宅前で、出迎えの車に乗り込んだところを、近づいてきた白ヘルメット姿の中年の男が「部長」と呼びかけた後、拳銃《けんじゅう》三発を発砲。小山副頭取は腹部を撃たれ、約三〇分後、収容先の病院で失血のため死亡した。

当時、小山副頭取が融資と回収に力を持っていたことから、仕事上のトラブルが原因とする説が有力だった。犯行の手口から、警察は同行の融資がらみでかかわりのあった組関係者や右翼団体関係者などから事情を聞いた。

のちに、『共同通信』が入手した同行の内部資料「特殊案件貸出リスト」によると、暴力団関係者、政治結社関係者、行員の不祥事関係者など計三〇の会社・個人に総額一四億五〇〇〇万円を融資していた（九六年八月現在）。うち、暴力団関係が一九件総額約六億一三〇〇万円、政治結社関係が二件計約二億八九〇〇万円で、「三共土地開発」に対する融資額が突出していた。

ところで、「三共土地開発」に対する二回の融資は、その後、同土地開発が九五年一一月、二回目の不渡りを出して倒産したことから、回収は不可能となった。買い主があらわれた「西畑ビル」は、「今回（売却）と競売では四〇〇〇万円の価格差あり。問題取引の解消とロス額減少を考えて、今回の先方申出にのるのが得策と考える」「この際、保証人の前田喬は違法行為を常習的に行う人物であり又物上保証人も問題人物。以上を考えて今回の処理は（縁切りも含めて）当行にとって得策と判断いたします」（阪和銀行の内部文書）として、九〇〇〇万円で売却するなどしたが、一回目、二回目の元本合計だけでも三億四七九三万円余りが焦げついた。

九六年九月三〇日、「三共土地開発」に対する債権は、未収利息七八三六万円余円を減免した上、「東釘貫丁」の土地の評価額を差し引いた二億二九九五万余円を間接償却し、損金扱いにせざるをえなかった。

結果は、「審査記録」が指摘した通り、回収不能になったのである。

そして、一年後の九七年（平成九年）一一月、橋本元頭取らが背任容疑で逮捕された。この間、橋本元頭取も、常務時代の七八年（昭和五三年）、親族の所有地が西畑組長に売却され、その土地を担保に極度額三〇〇〇万円の融資をしていたことが明るみに出た。

長尾正行元常務などは処分保留で釈放され、西畑組長らも逮捕されたが、結局、保釈され、不起訴処分（起訴猶予）となった。

一方、被疑者死亡で不起訴処分になった小山副頭取の射殺事件は二〇〇八年（平成二〇年）八月五日、公訴時効が成立、未解決事件になった。

商法の特別背任罪に問われた橋本元頭取に対して和歌山地裁は、九九年（平成一一年）三月三〇日、迂回融資と知りながら二億三〇〇〇万円を「三共土地開発」に貸し付け焦げつかせたと認定、懲役二年執行猶予三年を言い渡した。同元頭取は控訴せず、刑が確定。同元頭取は二〇〇五年一月、死亡した。

本作品は、講談社の講談社+α文庫として二〇〇四年二月に刊行された『関西に蠢く懲りない面々』、同二〇〇四年七月刊『大阪に蠢く懲りない面々』、および宝島社のSUGOI文庫として二〇一二年一〇月に刊行された『京都と闇社会』、同二〇一六年一〇月刊『京都の裏社会』の一部を再編集・加筆したものです。

## 著者略歴

**一ノ宮美成**

一九四九年、大分県に生まれる。同志社大学文学部を卒業し、新聞記者を経てフリージャーナリストに。著書には『京に蠢く懲りない面々』（かもがわ出版）などの「蠢く」シリーズ、『闇の帝王〈許永中〉』『同和利権の真相①〜④』（以上、宝島社文庫）、『京都と闇社会』『大阪と闇社会』（以上、宝島SUGOI文庫）、『京都に蠢く懲りない面々』（講談社+α文庫）、『大阪・役人天国の果てなき闇』（講談社）、『山口組分裂の真相』（宝島社）、『黒いカネを貪る面々』（さくら舎）などがある。

**グループ・K21**

関西のフリージャーナリスト集団。『関西に蠢く懲りない面々』（かもがわ出版）でデビュー。


**黒幕《くろまく》の興亡《こうぼう》　関西闇社会《かんさいやみしゃかい》の血《ち》の掟《おきて》**

二〇一九年七月　八日　第一刷発行
二〇一九年八月二一日　第二刷発行

著者　一《いち》ノ宮美成《みやよしなり》＋グループ・K《ケイ》21
発行者　古屋信吾
発行所　株式会社さくら舎　http://www.sakurasha.com
東京都千代田区富士見一-二-一一　〒一〇二-〇〇七一
電話　営業　〇三-五二一一-六五三三　FAX　〇三-五二一一-六四八一
編集　〇三-五二一一-六四八〇　振替　〇〇一九〇-八-四〇二〇六〇
装丁　石間　淳
カバー写真　橋本健次／アフロ
印刷・製本　中央精版印刷株式会社




ISBN978-4-86581-206-0